뒤죽박죽이지만
나다운 인생을
살고 싶어!

뒤죽박죽이지만 나다운 인생을 살고 싶어!
소심한 또라이의 도전일기

**초 판 1쇄 2024년 01월 30일**

**지은이** 이지민
**펴낸이** 류종렬

**펴낸곳** 미다스북스
**본부장** 임종익
**편집장** 이다경
**책임진행** 김가영, 박유진, 윤가희, 이예나, 안채원, 김요섭, 임인영

**등록 2001년 3월 21일 제2001-000040호**
**주소** 서울시 마포구 양화로 133 서교타워 711호
**전화 02) 322-7802~3**
**팩스 02) 6007-1845**
**블로그** http://blog.naver.com/midasbooks
**전자주소** midasbooks@hanmail.net
**페이스북** https://www.facebook.com/midasbooks425
**인스타그램** https://www.instagram/midasbooks

ISBN 979-11-6910-474-6 03190

값 **17,000원**

🦆 **미다스북스**는 다음세대에게 필요한 지혜와 교양을 생각합니다.

# 뒤죽박죽이지만 ── 나다운 인생을 살고 싶어!

이지민 지음

소심한 또라이의 도전일기

미다스북스

언젠가는 책을 써보고 싶다는 막연한 생각을 했었다. 하지만 그것보다 지금 당장의 일이 중요하다고 생각했기에 글 한 자 적지 않았다. 그리고 시간이 흘렀다.

여러 번의 직업을 거쳐 헬스 트레이너가 되었다. 어느 날 20대 중반 회원님과 이야기를 하는데 자신의 고민을 털어놓았다. 취업을 준비하고 있는 회원님은 친구들이 다 취업하니 불안한 마음이 든다고 했다. 그렇다고 딱히 하고 싶은 게 뭔지도 잘 모르겠고 어떻게 살아야 하는지도 막막하다는 말을 덧붙였다. 그 말을 들으니 잊고 지냈던 나의 20대가 생각났다. '맞아. 나도 저럴 때가 있었지.' 그땐 주변에 조언을 구할 사람도, 고민에 대한 답을 해결해 줄 사람도 없었다. 끊임없는 어둠 속에 갇혀 혼자 걷고 있는 기분이었다. 그 생각이 드니 나의 이야기가 누군가에게 조금은 위안이 될 거 같았다. 30대 중반까지도 아무것도 이룬 것 없이 방황했기 때문이다. 그렇게 하여 미뤄뒀던 '책 쓰기'라는 도전이 시작되었다.

지금도 어리다고 생각하지만 30대 끝자락에서 과거를 돌아보니 20대는 한없이 어린 나이이다. 그러나 지금보다 훨씬 더 세상을 다 살았다는 느낌이 드는 나이도 그때인 것 같다. 부모님으로부터 독립을 하면서 이제 진짜 어른이 되었다는 생각을 하게 되기 때문이다. 또 나보다 더 어린 후배들을 보면서 마치 늙은이가 되어 버린 거 같은 착각 속에 산다. 그렇지만 현실은 아직 10대와 별다를 바 없으니 점점 조바심이 나기 시작하는 것이다. 그렇다고 뭔가를 시작하자니 너무 늦은 나이인 것 같다. 친구들은 다 취업했기 때문에 나도 취업을 해야 될 거 같은데 자꾸만 떨어진다. 이러다가 취업도 못 하고 돈이 없어서 버둥거리며 살다가 죽을 것 같은 불안감이 몰려온다. 쉬고 있지만 쉬는 것 같지 않고 머릿속은 복잡해 잠도 제대로 이루지 못한다. 나 역시 그런 시간을 누구보다 길게 겪었다. 하지만 그럴 필요가 없다는 걸 시간이 지날수록 깨닫게 될 것이다. 왜냐하면 우린 아직 젊기 때문이다.

그런 시간들이 있다는 것은 잘 살고 있다는 증거라고 생각한다. 이 생각조차 하지 않으면 시간에 이끌려 그저 그렇게 살아가게 된다. 그러니 20, 30대에 고민을 많이 해서 인생의 방향성을 더 또렷하게 그려낼 수 있도록 해야 한다. 또한 군이 남들과 같이 발맞춰 인생을 살 필요가 없다는 걸 언젠가는 알게 된다. 출발이 느리다고 결승점에 늦게 도착하는 것도 아니다. 그걸 떠나 군이 결승점에 도착하지 않아도 과정이 즐겁다면 더 이상 뭐가 더 필요할까? 그래서 즐겁게 살아갈 수 있는 방법에 대한 해결책을 사람들과 함께 공유하고, 꺼져 있는 열정에 바람을 불어넣어주고 싶었다.

나 또한 인생이 항상 즐거운 건 아니다. 인생이 고달프고 힘들어 왜 나에게만 이런 일이 생기는 거냐고 생각한 적도 있다. 그럼에도 시련에 굴복해 멈추기보다는 어떻게든 움직이려고 노력했다. 그랬기 때문에 내 속도에 맞춰 나다운 인생을 살아가고 있다.

이렇게 살 수 있었던 건 넘어지고 실패해도 뒤에서 받쳐주고 있다는 믿음과 묵묵히 응원해 준 사람들이 있었기 때문이다. 넉넉한 가정은 아니었음에도 자식들만큼은 항상 부족함 없이 키워주고 '사랑'이라는 정의가 무엇인지 몸소 보여주고 있는 부모님, 선택의 갈림길에 서면 항상 찾게 되는 동생과 올케, 이렇게 도전할 수 있도록 언제나 자기 자리에서 열심히 일하는 우리 직원들. 그들이 있기에 나의 도전은 계속되고 있으며 이 책이 세상 밖으로 나올 수 있었다. 이 자리를 빌려 진심으로 감사하다는 말을 꼭 전하고 싶다.

## 나다운 인생,
## 어차피 한 번뿐이니까!

# 나다운 인생,
# 도전은 필수지!

part 3.

# 나다운 인생,
# 도전은 이렇게!

part 4.

## 나다운 인생,
## 살아보니 달라!

part 5.

소심한 아이에서 프로 도전러가 된 사람은?

part **1.**

나다운 인생,
**주인공은
바로 나야!**

# 1

## 작은 공이 쏘아 올린 거대한 힘

작은 변화가 일어날 때 진정한 삶을 살게 된다.

_ 톨스토이

모두에게 첫 기억으로 각인되는 도전이 있을 것이다. 기억을 거슬러 올라가 나의 첫 도전이 뭐였을까 생각해 보면 딱 떠오르는 것이 투포환 던지기 대회이다. 이 대회는 초등학교 4학년인가 5학년 때 반대표로 나가게 되었다.

요새도 이런 게 있는지 모르겠지만 내가 어렸을 때는 한 달에 한 번 정도 운동장에서 조회를 했었다. 교장 선생님 훈화 말씀도 듣고 그동안 학교에서 일어난 일에 대한 설명과 각종 시상 등을 전달 받으며 30분가량을 보냈다. 조회를 할 때는 반장이 제일 앞에 서고, 그 뒤로 학생들이 두 줄로 섰다. 서는 순서는 항상 키순이었기에 나는 초등학교를 마칠 때까지 반장 뒤에 서 있는, 키와 덩치가 작고 조용한 아이였다.

어느 날 학교에서 투포환 던지기 대회를 하는데 반대표로 나가고 싶은 사람은 손을 들라고 했다. 투포환 던지기라… 한 번도 한 적이 없지만 왠지 너무 끌렸고 재미있을 거 같았다. 덩치는 작지만 힘만큼은 자신 있었기 때문에 '잘하면 1등도 할 수 있지 않을까?'라는 기대감이 들었다. 그래서 번쩍 손을 들었다. 아무리 작은 대회라지만 명색이 반대표로 참가하는 건데 체격도 작은 데다 여자인 애가 나가겠다고 했으니 분명 반 학생들은 못마땅했을 것이다. 하지만 내 기억으로는 지원한 사람이 나밖에 없었기 때문에 어부지리로 대회에 참가하게 되었다. 이것이 내 기억 속의 첫 도전이다.

대회 때까지 약 2주간의 시간이 있었다. 그 기간 동안 항상 방과 후 학교에 남아 선생님과 함께 연습을 하며 어떻게 하면 투포환을 잘 던질 수 있는지 파악해 나갔다. 드디어 대회가 열리던 날이 되었다. 대회 진행 방식은 한 사람당 두 번 투포환을 던져 시작점에서 가장 멀리 던지는 사람이 이기는 게임이었다. 처음으로 반을 대표하여 참석하는 대회라 떨리긴 했지만 애써 침착한 척하며 1차 시기 공을 던졌다. 결과는 처참했다. 너무 소심하게 던진 탓에 거의 앞쪽에 투포환이 떨어져 꼴찌가 되었다. 그 순간 자존심이 확 상하면서 갑자기 승부욕이 불타올랐다. 2차 시기에는 기필코 1등을 하겠다고 마음을 단단히 먹었다. 그리고 사력을 다해 투포환을 던졌는데 이번에는 뭔가 달랐다. 던지는 순간부터 주변에서는 "와~" 하는 소리가 들렸다. 남자아이들이 던진 투포환보다도 훨씬 더 멀리 나가 1등에 위치되었기 때문이었다. 하지만 곧 호루라기 소리가 들렸다. 선을 밟아 실격된 것이다. 너무 과한 욕심이 낳은 결과였다. 정말 허무하게 나의 첫 도전은 완벽한 실패로 끝이 났다.

이 대회는 나에게 많은 변화를 주었다. 대회가 끝나고 한 아이가 나에게 와서 엄청 멀리 던져 놀랐다고 말했다. 이 말이 너무 좋았는지 아직도 기억에 생생히 남아 있다. 반에서는 존재감이 없는 아이에서 나라는 존재가 있다는 걸 알리는 계기가 되었다. 비록 실패로 끝났지만 이 대회가 내 기억 속에 첫 도전으로 남아 있는 건 바로 이런 긍정적인 면을 봤기 때문이 아니었을까 싶다. 그것 때문이었는지 이 대회를 시작으로 크고 작은 도전을 학창 시절 많이 했었다. 합창대회에 지휘자로 나간다거나 수학여행 장기자랑에 나가는 등의 활동 말이다. 그러면서 알게 모르게 도전에 대한 두려움이 사라졌던 거 같다.

✦ 나다움을 위한 한 걸음

**살면서 처음 해본 도전은?**

_____

**그 도전을 통해 얻은 변화가 있다면?**

_____

## 나다운 인생을 위한 시작

결심은 인간 의지를 일깨우는 외침이다.

_ 앤서니 로빈스

　최근 학교에서 '주변 사람들이 생각하는 나'에 대한 단어를 알아오는 과제를 하게 되었다. 그 결과 지인 5명 중 4명이 나에게 '독립적'이라는 단어가 어울린다고 선택했다. 주변 사람들이 생각하는 나는 완전 독립적인 사람인 것이다. 나 역시 그렇다고 생각한다. 누군가에게 의존하는 성격이 아니고 외로움도 타지 않을 뿐더러 혼자서 어떤 일을 함에 있어서 주저함이 없기 때문이다. 오히려 혼자 하는 일이 더 편할 때도 있다. 그렇기 때문에 지인들에게 나의 어린

시절에 대해 이야기를 하면 놀랄 때가 많다.

고등학생 때까지 남들 다 해본다는 외박 한 번 해본 적이 없었다. 가끔 반항하거나 고집을 부린 적은 있었지만 대체로 부모님 말을 잘 듣는 학생이었다. 또한 혼자서 무언가를 했던 기억도 거의 없다. 딱히 하고 싶었던 것도 없었지만 엄마는 항상 걱정이 많아 뭔가를 시키지도 않았기 때문이다. 독립을 할 때까지 설거지나 청소도 스스로 한 적이 거의 없었으니 다른 건 말할 필요도 없다. 그땐 그렇게 생각하지 않았지만 지나고 보니 정말 '공주처럼 자랐다'는 표현이 딱 맞을 정도로 귀하게 자랐다.

머리가 점점 커질수록 지금 생활이 편하고 좋지만 이렇게 살다 간 나중에는 스스로 어떤 일도 못 할 거 같은 기분이 들었다. 그래서 '어떻게 이 상황을 탈출할 수 있을까?'에 대한 답을 내리려 했지만 그럴 수 없었다. 고등학생이기에 아무것도 할 수 있는 게 없다고 생각했기 때문이다. 신발에 작은 모래알이 들어 있는데 어디 있는지 찾지 못해 계속 불편한 것처럼 그런 찜찜한 마음만 가지고 한동안 살게 되었다.

시간이 지나 어느덧 대학교를 들어갈 때가 되었다. 그때 생각했다. 지금이 기회다! 대학교는 다른 곳으로 가서 부모님과 떨어져 지내면 이 문제는 자연스레 해결할 수 있을 거 같다는 생각을 했다. 그 생각을 하고 먼저 엄마에게 말하니 고향에도 대학교가 있는데 왜 다른 곳을 가려고 하냐며 결사반대를 했다. 하지만 나 역시 단호했다. 지금 아니면 영영 벗어날 수 없을 거 같았기 때문이다. 결국 부모님과 내가 타협한 지점은 작은아빠가 있는 대전으로 가는 것이었다. 그렇게 스무 살, 처음으로 부모님으로부터 독립을 하게 되었다.

대전으로 가긴 했지만 처음 한 달 동안은 작은아빠 집에서 학교를 다녔기 때문에 내가 생각했던 완전한 독립은 아니었다. 그러다가 어떠한 계기로 입학 한 달 만에 기숙사에 들어가게 되었다. 당시 기숙사에는 밤 11시 점호시간이 있어 그때까지 들어와야 했다. 비록 약간의 통제가 있긴 했지만 진정한 독립을 이룬 거 같아 행복했었다. 하지만 몸만 떨어진다고 해서 독립하는 것이 아니라 경제적으로 독립을 해야 '완벽한 독립'이라고 생각했다. 그래서 1학년 2학기 때부터 학교 안에 있는 편의점에서 아르바이트를 시작했다. 턱없이 낮은 시급이었기 때문에 부모님이 주는 용돈도 필요했지만 자립하려는 모습을 보여주고 싶었다. 그렇게 조금씩 부모님의 그늘에서 벗어나갔다.

만약 '그때 고향을 떠나지 않았다면 어떻게 되었을까?'라는 생각을 가끔 해본다. 어쩌면 상당한 기간 동안 부모님이 제공하는 의식주와 용돈을 받아가며 편하고 안정적으로 살았을 것이다. 그러면서도 마음속으로는 항상 독립에 대한 꿈을 꾸며 바깥세상에 대한 호기심을 가지고 살았을 것 같기도 하다. 마치 어미 캥거루 주머니 속에서 무서워 나오지는 못하고 밖만 빼꼼히 보고 있는 아기 캥거루처럼 말이다. 그럼에도 바깥세상에 대한 동경 때문에 시기만 다를 뿐 분명 언젠가는 부모님의 품을 떠났을 것이다. 단지 시기가 늦어지면 늦어질수록 독립에 대한 두려움은 커져 더 큰 용기가 필요했을지도 모른다.

수많은 일을 저지르면서 깨달은 것이 있다. 작은 용기로도 시작할 수 있다는 사실이다. 하지만 뒤로 미루다 보면 두려움이 함께 자라나 이전보다 더 큰 용기가 필요해진다. 결국은 시도조차 못 하게 될 수도 있다. 미루다가 하지 않은 일은 찝찝함과 미련으로 남아 자신을 불편하게 만든다.

나는 그 찝찝함 대신 '독립'이라는 도전을 하게 되었다. 이것은 내 인생의 가장 큰 터닝 포인트가 되어 인생 전체를 송두리째 바꿔주었다. 부모님과 함께하던 결정들이 독립과 함께 자연스레 없어지면서 그동안 몰랐던 나의 진짜 성격이나 성향이 드러나기 시작한 것이다.

# 3

## 꿈을 향해 내딛는 첫걸음


인간은 항상 무엇인가를 하기 위한 무엇이어야 한다.

_ 괴테


　지금도 있을지 모르겠지만 어렸을 때 '예쁜 어린이 선발
대회'라는 게 있었다. 말 그대로 예쁜 어린이를 선발하는
대회였는데 약간 미스코리아 어린이 버전이라고 생각하면
된다. 지역대회를 거쳐 전국대회에 나가서 순위권에 들면
각종 모델도 할 수 있는 기회가 생겼다. 많은 아이들이 이
대회를 발판삼아 연예계로 진출을 하게 되었기 때문에 당
시 꽤 인기 있는 대회였다. 요즘이야 연예계로 진출할 수
있는 오디션 프로그램이 많지만 예전에는 거의 없었기 때

문이다. 나 역시 이 대회를 나갔다. 그때까지 연예인에 대한 관심도 없던 내가 왜 그 대회에 나갔는지, 부모님은 왜 출전을 시켰는지 아직까지도 잘 모르겠지만 말이다.

당시 지역에서 하는 예쁜 어린이 선발대회는 예선과 본선이 있었다. 예선에서는 깔끔한 옷차림으로 나가 자기소개와 MC가 하는 간단한 질문에 답을 하면 됐다. 그래서 별 어려움 없이 예선을 통과했고 본선에 진출하게 되었는데 결국 나는 본선까지는 나가지 못했다. 본선에 진출하면 입어야 하는 드레스 대여부터 대회에 나가기까지 사야 할 것들이 너무 많았기 때문이다. 엄마가 기억하기로는 200만 원 정도였다고 한다. 지금도 큰돈이지만 90년대에는 더욱 그랬다. 고작 하루 나가는 비용으로 그 돈을 쓰기에는 너무 과하다는 생각에 부모님은 대회를 포기하게 된 것이다. 지금이야 그 돈을 주고 나간다는 게 말도 되지 않아서 스스로 포기했을 것이다. 그런데 어린 나는 비용에 대한 걱정을 알 리가 없으니 못 나가는 것이 괜히 억울하다는 생각이 들었다. 말은 안 했지만 예쁜 드레스를 입고 본선에 나간 내 모습을 상상하며 좋아했었기 때문이다. 그 사건이 나에게는 너무 충격이었고 큰 사건이었다. 그래서일까? 본선 당일이 아직도 생생하게 기억난다. 본선이 시작되는 시간에 내 방에 누워 이불을 뒤집어쓰고 혼자 억울함을 삭여가며 울었었다.

그 억울함이 시초였는지 언제부턴가 나의 꿈은 연예인이었다. 하지만 꽤 오랜 시간 동안 꿈에 대해 말하지는 못했다. 당시 나는 '영주'라는 작은 도시에 살고 있었는데 연예인이 꿈이라고 이야기하는 아이를 본 적이 없었기 때문이다. 또한 연예인이라고 하면 '딴따라'라는 인식이 그 당시에도 남아 있었기에 어디 가서 그런 말을 한다는 것이 조심스러웠다. 그랬기에 생활기록부 장래희망 쓰는 란에는 항상 다른 꿈을 적었지만 기억이 있을 때부터 연예인이 꿈이라는 건 변함이 없었고, 그 꿈은 점차 구체화되어 '배우'가 되고 싶다는 생각에까지 미치게 되었다. 그러나 나는 꿈에 대해 이야기를 할 수 있는 용기와 대담함이 없는 소심한 아이였다. 결국 얼마나 간절하게 원하고 있는지 누구에게도 말하지 않았고 20대 후반까지 단지 꿈으로 남겨 두었다.

정확하게 말하면 잠깐 시도하려고 한 적이 있긴 있었다. 고등학교 3학년 때 예술학교 같은 곳에 원서를 넣겠다며 엄마한테 말한 적이 있었다. 엄마에게는 단 한 번도 '배우'를 하고 싶다고 말한 적이 없으니 의아했을 것이다. 그래서 그것이 한낱 지나가는 바람과 같은 마음이라고 생각해 고민도 하지 않고 반대했다. 엄마 입장에서는 뜬금없는 말이었으니 당연히 그럴 만했다. 원서가 마감될 무렵 엄마는 내가 했던 말이 신경이 쓰였는지 진짜 원한다면 일단 한번 넣어보라고 했다. 하지만 내 선택이 과연 맞을지에 대한 확신도 없었고, 그것이 잘못된 선택일 수도 있을 거 같은 두려움 때문에 결국 원서를 넣지 못했다.

그렇게 오래도록 내 꿈은 마음 한편에 고이 간직하게 되었다. 문득문득 하고 싶은 욕구가 솟구칠 때도 있었지만 그때마다 스스로에게 핑계를 댔다. '너무 뚱뚱하니 살만

빼고 시도해 봐야지.' 하며 정작 살은 빼지 않았고, '그 꿈을 실현하기에는 너무 나이가 많은 거 같다.'라는 핑계도 되지 않는 핑계로 자신을 세뇌시켰다. 고작 20대 초반밖에 되지 않았는데도 말이다.

어느 순간 그렇게 해도 더 이상 자신과 타협을 하면서 살 수 없는 시기가 찾아왔다. 억누르는데도 쉽사리 눌러지지 않았기 때문이다. 시도조차 하지 못했기 때문에 꿈이 쉽게 접힐 리 없었다. 원래 하고 싶은 걸 하지 못하면 더 하고 싶기 마련이다. 꾹꾹 눌러도 이제 곧 터질 거 같은 캐리어의 짐이 되어버린 꿈. 이렇게 미루다가 무거운 짐을 안은 채 살아가는 것이 어쩌면 더 무서울 수 있겠다고 생각했다. 하고 싶은 일은 하지 않고 겉돌기만 하다가 후회하며 죽는 것보다 더 무서운 것이 있을까? 결단이 필요했다. 꿈을 과감하게 접든 한 번쯤 밀어붙이든 어떤 결심이 필요한 순간이 온 것이다. 그런 생각을 할 때가 해외 봉사를 신청하여 합격한 상태였기 때문에 인도네시아를 갈 준비를 하고 있었던 시기였다. 그때 결심했다. 이 활동을 마치고 한국으로 다시 돌아오면 '그동안 미루고 미뤄왔던 배우라는 꿈에 도전이라도 해봐야지!'라고 말이다. 이 결심이 서기까지 무려 15년이라는 시간이 걸렸다.

마침내 인도네시아의 생활을 마치고 한국에 돌아왔다. 한국에 도착하자마자 한 일은 연기학원부터 알아보는 일이었다. 어디에서 배울지보다 '배우'에 도전한다는 게 더 중요했기 때문에 금세 학원을 찾아 등록하였다. 당시 지방에 살고 있었는데 학원은 서울에 있어 주말반을 신청했다. 토요일마다 서울로 올라가서 수업을 듣고 찜질방이나 친구네 집에서 하룻밤 자고는 일요일 수업까지 듣고 다시 집으로 내려왔다. 평일에는 일을 하고 주말에는 편도 3시간이 걸리는 학원을 간다는 게 피곤하기도 했지만 그 시간이 너무 소중하고 재미있었다.

하지만 연기를 배울수록 욕심이 생겼다. 연습을 더 오래 했으면 좋겠다는 생각이 들자 서울과 지방을 오고 가는 시간이 아까워지기 시작했다. 결국 학원을 다닌 지 3개월 만

에 짐을 싸들고 서울로 올라갔다. 그렇게 서울살이는 시작
된 것이다.

**④**

## 돌고 돈 꿈이 현실이 된 순간

때론 정말로 절실히 원한다면 그것이 이루어진다.

_ T.S.엘리엇

연기학원을 다니기 전에는 연기를 어깨너머라도 배운 적이 없었기 때문에 조금 우습게 생각했다. TV로 보면 배우들이 너무나도 쉽게 연기를 하는 것처럼 보였기 때문이다. 그렇기에 나도 어느 정도 배우면 곧잘 할 수 있을 거라고 생각했다. 하지만 예상은 완전히 빗나갔다. 연기를 한다고 하니 걷는 것부터 마음대로 되지 않았다. 어떻게 걸어야 할지, 어디서부터 끊어 읽어야 자연스럽게 대사를 할 수 있는지 몰라 부자연스러운 행동과 말이 나왔다. 연기하는 것을 보면 이 사람이 평소 생활은 제대로 할 수 있을지 의문이 들 정도로 뚝딱거렸던 것이다. 내가 봐도 너무 형편없었기 때문에 처음부터 하나하나 다 배워야 했다.

연기는 배우면 배울수록 어떻게 하면 잘하는 것인지 정의를 내릴 수 없었고, 더 아리송한 느낌이었다. 그렇기에 학원을 다니는 기간은 점점 길어졌다. 처음에 다녔던 학원은 6개월을 다녔는데 그것도 모자란 것 같아 다른 학원에 다시 등록했다. 그곳은 무려 1년을 다녀 학원에서 보낸 시간만 1년 반이었다.

연기학원을 다니는 건 좋았지만 그에 따른 대가도 치러야 했다. 월세와 학원비를 내고 생활비도 필요했기에 학원을 나가지 않는 시간에는 아르바이트를 했다. 학원비가 꽤 비쌌기 때문에 아르바이트를 해도 부족해 학원 조교까지 하며 학원비를 아꼈다. 하지만 긴 시간 학원을 다녔음에도 불구하고 연기는 한참 모자라다는 생각이 들었다. 그렇다고 학원을 더 다니기에는 더 이상 학원비를 메울 자신이 없었다.

어떻게 할까 한참을 고민하는데 그때 같이 연기학원을 다니는 친구가 대학로에 있는 극단에 들어가 보는 것이 어떻겠냐는 이야기를 했다. 그 방법이 괜찮을 거 같았다. 연기도 공짜로 배울 수 있고 잘하면 무대에도 오를 수 있어 더 성장할 수 있겠다는 생각이 들었다. 그렇게 극단에 들어가는 방법에 대해 알아보기 시작했다. 사람들에게 물어물어 극단 단원 모집하는 홈페이지를 알아냈고 수시로 들어가서 확인했다. 그러던 어느 날, 극단 단원을 모집하는 글이 올라와 무작정 프로필을 넣었는데 정말 운이 좋게도 합격하게 되어 좋은 사람들이 있는 극단에 들어가게 되었다. 그렇게 대학로의 생활이 시작되었다.

극단에서 처음 했던 일은 매표소에서 티켓 끊어주는 것부터 음향이나 조명을 다루는 스텝까지 소소한 것이었는데 공연이 어떻게 진행되는지 알아가게 되는 재미가 있었다. 더불어 연출님의 도움으로 일주일에 한 번 연극배우들과 함께 연기 스터디를 하게 되었다. 경력 있는 배우들 앞에서 연기를 한다는 게 부담이 되긴 했지만 재미있어서 스터디 하는 날을 손꼽아 기다렸다. 그러다가 극단에서 준비하는 장기 공연에 3분도 나오지 않는 단역을 하게 되며 연극배우로 입봉하게 되었다. 잠깐 나와서 관객에게 웃음을 주는 짧은 배역이었지만 연극의 매력을 확실히 느끼게 되면서 더 큰 역할을 하고 싶다는 욕심이 생겼다.

마침내 기회가 찾아왔다. 당시 내가 소속된 극단에는 극단을 대표하는 연극이 있었다. 그 연극은 4명의 등장인물이 나오는데 엄마 역할을 하는 사람이 주인공이었다. 주인공은 다양한 연기를 보여줄 수 있는 캐릭터였기 때문에 대학로의 여배우들이라면 한 번쯤 욕심을 내는 역할이었다. 나 역시 당시에는 그 역할을 해보는 것이 가장 큰 바람이었다. 하지만 나의 연기력에 그 정도 역할을 하는 건 무리라고 생각했는데 바로 이 연극의 배우 오디션을 한다는 이야기를 대표님이 했던 것이다. 그리고는 지나가는 말로 "그 역할 하고 싶으면 너도 오디션 한번 봐봐."라고 했다.

이 말을 듣고 '만약 오디션에 붙어도 감히 내가 할 수 있을까?'라는 두려운 마음이 들었지만 이번이 아니면 언제 다시 기회가 찾아올지 모른다고 생각했다. 어차피 닥치면 어떻게든 되겠거니 생각하며 일단 오디션이라도 보자는 마음으로 참가하게 되었다.

결과는 어떻게 되었을까? 정말 다행히 꿈에 그리던 주인공을 하게 되었다. 무대와 10m쯤 떨어진 곳에서 매일 음향, 조명을 다루는 오퍼 일을 하며 '언제 저 무대에 설 수 있을까?'라고 생각했었다. 그 10m가 나에게는 너무 멀게만 느껴졌는데 나도 이제 그 무대의 주인공이 된 것이다. 대학로 간 지 1년, 연기공부 한 지 3년 만이었다. 또한 '예쁜 어린이 선발대회'를 계기로 '배우'가 되고 싶다는 꿈이 현실로 실현되기까지 거의 20년 만에 이룬 결과였다. 그때 나이가 스물아홉 살이었다. 아마 앞으로는 없을 것 같은 내 인생 최장 기간의 꿈을 실현하게 된 것이다. 돌고 돌았지만 결국 이뤄졌다.

하지만 지금도 이 꿈을 생각하면 많은 아쉬움이 남는다. 일찍 용기를 내어 꿈에 도전했다면 10대, 20대의 시간을 그토록 괴롭게 보내지 않았을 거라는 마음이다. 또한 더 무모하게 도전할 수도 있었을 거 같다는 생각을 하지만 어차피 후회를 해봤자 돌이킬 수 없는 과거라는 걸 잘 알고 있고, 이것 역시 경험이라고 생각한다. 이 소중한 경험 때문에 30대에는 머릿속에만 계획되어 있던 일을 밖으로 꺼내 실행으로 옮기려고 노력했다.

나처럼 과거의 아쉬움을 안고 가는 사람들이 분명 어딘가에는 있을 것이다. 그런 사람들에게 '과거에 얽매여 자신을 너무 자책하지 않으면 좋겠다.'라는 말을 꼭 해주고 싶다. 아쉬움을 발판으로 지금을 열심히 살아간다면 그것은 결국 또 다른 즐거움으로 돌아올 수 있기 때문이다.

## 5

## 30대 초반 다시 '0'이 되다

나를 죽이지 못한 모든 시련은 나를 한층 더 강하게 만든다.
살아있는 한, 나는 점점 더 강해질 것이다.

_ 니체

주인공이 되었다고 해서 끝난 것이 아니었다. 무대에 서
기까지 또 수많은 우여곡절이 있었다. 가장 큰 문제는 연
습 기간이 엄청 짧았다는 것이다. 큰 배역은 처음이라서
모든 것이 익숙지 않는데 시간은 없고 해야 할 건 너무
많았다. 특히 대사와 동선이 상당히 많아 외우느라고 꽤
애를 먹었다. 거기에 컨디션조차 따라와 주지 않아 총체적
난국이었다. 예민함은 하루하루 커져갔고 그토록 원하는
일을 하고 있는데도 첫 공연 직전에는 도망가고 싶다는 생

각이 들었다.

그럼에도 야속하게 공연 날짜는 다가와 공연을 하게 되었다. 솔직히 첫 공연은 어떻게 했는지 기억이 나지 않는다. '대사를 까먹으면 어떡하지?'라는 걱정과 내 연기가 관객들에게 불편을 줄까 봐 눈치를 많이 보면서 했던 거 같다. 그랬기에 온전히 연기를 했다는 생각을 못 했다. 그래도 딱 하나 정확하게 기억나는 건 공연이 끝나고 무대인사를 하는 순간이었다. 관객들의 박수소리에 그동안의 노력을 보상받는 기분이었고, 마음 깊은 곳에서 어떤 뜨거움이 느껴졌다. 막연하게 배우를 하고 싶다는 생각만 했지 왜 하고 싶은지에 대한 생각은 한 적이 없었는데 무대에 서는 순간 조금은 알게 되면서 오는 열정이었다고 생각한다. 그때 비로소 진정으로 배우의 꿈을 꾸게 된 것이다. 공연을 하는 기간 동안 그 꿈을 실현하기 위해 하루하루 최선을 다했고 그렇게 3개월을 꿈같은 현실 속에 살았다.

하지만 동화 속처럼 모든 게 해피엔딩으로 이루어진 결

말은 아니었다. 공연을 마치니 현실을 마주하게 되었다. 다시 무대에 오르고 싶어도 오디션에 붙어야지만 가능했던 일이었는데 매번 떨어지면서 불안해지기 시작했다. 동료 배우들이 오디션에 붙었다는 소식을 들으면 겉으로는 축하해 주지만 떨어진 나와 비교가 되어 마냥 축하해주지 못하는 나에게도 너무 화가 났다.

직업이 주는 괴로움도 있었다. '배우'는 누군가에게 선택이 되어야지만 일을 할 수 있는 직업이기 때문에 내가 할 수 있는 일이 별로 없었다. 그나마 능동적으로 할 수 있는 건 프로필을 돌리러 다닌다거나 오디션을 보는 것이었다. 그리고는 연락이 올 때까지 마냥 기다리는 일밖에 할 수 없었다. 거기에서 오는 무력감과 좌절감이 점점 커지면서 나를 밑바닥으로 끌어당기는 느낌이었다. 가장 힘들었던 건 매일매일 평가받고 있다는 부담감이었다. 지금 생각해 보면 배우를 위해 숙명적으로 거쳐야 하는 일들이 내성향과 맞지 않았던 거 같다. 어떤 일을 하면 완벽히 처리하고 싶어 세세하게 계획을 하고 실행하는 성격인 나와 달리 '배우'는 계획할 수도 없고, 계획한다고 해서 이루어지는 것이 아니었기 때문이다.

또한 언제 오디션을 볼지 모르기 때문에 장기 아르바이트는 할 수 없어 일용직만 했다. 돈은 돈대로 못 벌어 항상 생계에 대한 걱정을 했다. 배우를 하는 친구들과 만나서 이야기하면 더 참담했다. "이렇게 계속 오디션 결과를 기다리면서 아르바이트를 하는데 합격되지 않으면 그냥 아르바이트생으로 남지 않을까?"라거나 "어떨 땐 내가 아르바이트생인지 배우인지 모르겠어."라는 말을 하며 다들 불안 속에 살고 있었기 때문이다. 안 그래도 늦은 나이에 시작해서 초조한 마음이었는데 이런 시간이 오래될수록 미래가 두려워지기 시작했다.

이런 생각을 가지고 있을 때 동생에게 전화가 왔다. 지금 시작하고 있는 사업이 있는데 조금씩 잘되기 시작한다는 말이었다. 이 말 끝의 본론은 자기를 도와달라는 것이었다. 처음에는 연기를 계속하고 싶은 마음이 컸기 때문에 당연히 거절했다. 하지만 그 후로도 오디션에 계속 떨어지면서 자존감은 바닥을 쳤고, 과연 내가 무대에 설 수 있는 자격이 있는지 의구심마저 들기 시작했다. 그런 생각을 하니 배우를 하는 것이 진짜 나의 길인지 확신이 서질 않게 되었다. 이제는 내가 뭘 해야 하는지 뭘 하고 싶은지도 모르는 상태가 되어버린 것이다. 엎친 데 덮친 격으로 그 시기 믿었던 사람에게서 큰 배신을 당해 세상이 무너지는 것 같았다. 더 이상 버틸 수 없을 것 같은 기분이었다. 그때 다시 동생한테서 연락이 와 7년간의 서울 생활과 배우의 길을 접었다. 그동안 살아왔던 30년이 넘는 시간이 전부 없었던 일이 된 것 같은 패배감과 절망감은 한동안 나를 괴롭혔다.

아마 누구에게나 그때의 나처럼 인생의 전부였던 것이 없어져 주저앉고 싶은 순간이 있을 것이다. 이런 순간에 어떤 이는 그냥 털썩 주저앉을 수도 있고, 또 다른 누군가는 그래도 살아가야 하기에 멈췄던 걸음을 다시 떼려고 온 힘을 다할 수도 있다. 나는 후자를 선택했다. 너무나 간절한 꿈이었기 때문에 머리로는 그만둬야 하는 걸 알면서도 마음이 놓아주질 못해 한동안 괴로운 마음이 들기도 했다. 하지만 인생은 오르막이 있다면 내리막도 있듯 지금 이 순간은 나에게 내리막인 순간이지만 또 한 번의 오르막이 있다는 것을 직감적으로 알 수 있었다. 그래서 다시 오르막으로 갈 수 있는 변곡점을 만들기 위해 한 번 더 삶의 의지를 불태웠다. 새로운 도시에 왔으니 처음부터 다시 시작한다는 마음으로 살다 보면 뭐라도 되지 않을까 싶은 마음이 들었다. 그렇게 나의 제2의 인생이 대전에서 시작되었다.

## 6

다시 시작할 수 있는 용기

여행이란 우리가 사는 장소를 바꿔주는 것이 아니라

우리의 생각과 편견을 바꿔 주는 것이다.

_ 아나톨

대전에 가기 전 조금이라도 방전된 에너지를 충전할 생
각에 여행을 계획하게 되었다. 어디로 갈지 생각하다가 인
도로 결정하게 되었다. 그곳으로 정한 건 오래전부터 로망
이 있었기 때문이었다. 원래부터 배낭여행을 좋아해 가방
하나 메고 혼자 여행 가는 일이 많았는데 배낭여행의 종착
지는 결국 인도라고 항상 생각했다. 거기에 인도는 마음을
수양하러 많이들 떠나는 곳이었기에 지금 나에게 적합한
나라였다. 곧바로 인도행 비행기표를 끊었다. 그렇게 30

일의 인도여행이 시작되었다.

혼자 인도로 여행을 간다고 하니 주변 사람들이 위험하다고 걱정을 많이 했었다. 한창 뉴스에서는 인도로 여행 간 여성이 몹쓸 짓을 당했다는 이야기가 너무 많이 보도되고 있었고, 치안에 취약한 나라라는 인식이 사람들의 머릿속에 강하게 박혀 있었기 때문이다. 그런 걱정을 만나는 사람마다 듣다 보니 여행 직전에는 좀 무섭기도 했지만 누구보다 안전하게 다녀올 자신도 있었다. 동남아 여행을 그전에도 많이 갔었기 때문에 어떻게 하면 안전하게 다닐 수 있는지 나름 노하우가 있기 때문이다.

그 노하우를 잠깐 소개하자면 특별한 건 없다. 단지 위험한 행동을 하지 않으면 된다. 예를 들어 위험한 도시라고 생각하면 해가 뜰 때만 움직이고 어두워지면 숙소에만 있는 것이다. 술집 같은 곳은 언제나 위험이 도사리고 있다고 생각해 혼자서는 절대 가지 않았고, 동남아시아 같은 곳은 보수적인 곳이 많아 되도록 반팔, 반바지는 입지 않았다. 또한 길에서는 단호한 의사표현과 자신감 있는 행동을 한다. 외국 여자들이 신기해 말도 많이 거는데 이때 쭈뼛거리면 더 치근덕대고, 길을 찾겠다고 두리번거리면 달려와 자신이 데려다준다고 이야기하는 사람들이 많기 때문이다.

아무튼 그렇게 안전하게 여행을 하다 보니 인도여행은 생각했던 것보다 더 재미있었다. 그리고 운이 좋게도 그곳에서 정말 좋은 친구들을 만났다. 인도에는 나처럼 혼자 여행 온 한국인들이 많이 있었는데 우연히 만난 3명의 친구들과 함께 거의 보름을 함께 여행했다. 호주에서 2년 동안 일을 해 모은 돈으로 세계여행 중인 친구, 세계여행을 하며 각 나라의 다이빙 포인트를 갈 거라고 필리핀에서 막 스킨스쿠버 자격증을 따고 인도로 넘어온 친구, 군대를 가기 전 여행 왔다는 영화감독을 꿈꾸는 친구. 이제까지 한국에서 만난 적 없는 다양한 특색과 매력을 가진 친구들과 함께 하는 여행이었다. 그들과 같이 낮에는 여행을 하고 저녁에는 길거리에 파는 과일이나 간식을 사들고 숙소에 있는 루프탑에 앉아 이야기했다. 어쩌면 여행보다 서로에 대한 이야기를 하며 아무 생각 없이 웃고 떠들었던 그 시간이 더 재미있었고 행복했을지도 모른다. 이렇게 하다 보니 어느새 마음도 조금씩 치유가 되기 시작했다. 한국으로 돌아가 어떤 삶을 살게 될지 아직 막막하긴 했지만 왠지 밝을 거라는 기대도 살짝 가지게 되었다.

만남이 있으면 또 이별이 있는 법. 어느덧 그 친구들과 헤어질 시간이 찾아왔다. 서로의 여행 동선이 달라지면서 헤어지게 된 것이다. 이제부터는 진짜 혼자 여행을 하게 되었다. 하지만 며칠 동안 그들에게서 긍정적인 에너지를 많이 받았기 때문에 외롭다는 생각이 전혀 들지 않았다. 다음 날은 또 어떤 여행이 기다리고 있을지 기대를 하며 남은 여행을 무사히 마치게 되었다. 그렇게 인도여행은 나에게 처음부터 다시 시작할 수 있다는 용기를 주었다.

내가 배낭여행을 좋아하는 이유를 가만히 생각해 보면 작은 것 하나하나가 도전이기 때문이다. 어디를 가면 좋을지 어떤 교통을 이용할지 어떤 음식을 먹을지 등 사소한 결정 하나가 쌓이면서 여행을 완성시켜 주는데 그 선택에 따라 여행 스타일이 확 달라지는 재미가 있다. 매 순간이 선택의 연속이기 때문에 하루를 다 마치면 마치 게임에서 퀘스트를 통과해 레벨업 하는 느낌이 들고, 성취감이 든다. 만약 이런 성취감을 느낀 지 오래된 사람이 있다면 해외까지는 못 가더라도 국내 자유여행이라도 가보길 권한다. 여행을 통해 성취감도 생길 수 있고, 운이 좋으면 나처럼 많은 걸 얻을 수 있는 기회도 있기 때문이다.

✦ 나다움을 위한 한 걸음

**최근 나에게 성취감을 주었던 일은?**

---

**어떤 것을 할 때 성취감을 주는가?**

---

## 7

## 세상은 요지경이라 재미있는 인생

사물에는 본래 좋고 나쁨이 없다.
단지 우리들의 생각에 따라 좋고 나쁨이 가려지는 것이다.

_ 셰익스피어

 꿈같은 시간이 지나고 다시 한국으로 돌아와 고향에 있는 짐을 싸들고 어쩌면 새로운 인생이 시작될지도 모르는 대전에 도착했다. 여행 다녀온 사이 동생은 앞으로 내가 지내게 될 자취방을 구해놔 그 앞에 차를 세워주었다. 그때가 막 해 질 녘쯤이어서 하늘은 온통 붉은빛으로 물들어 있었는데 그 한가운데 덩그러니 서 있으니 마치 세상에 나 혼자 있는 기분이 들었다. 30대 중반에 캐리어 달랑 하나 가지고 처음부터 다시 시작할 생각을 하니 정말 막막해 눈물이 쏟아질 거 같았지만 힘껏 몸에 힘을 주며 참았다. 새롭게 시작하는 삶인데 처음부터 울기는 싫었기 때문이다.

다음 날 아침부터 동생의 회사에서 일을 시작하게 되었다. 오전 9시부터 오후 6시까지 컴퓨터에 앉아서 일을 했고, 일하는 시간 외에는 대전에 아는 사람이 없었기 때문에 거의 집에만 있는 단조로운 삶을 보냈다. 그래도 서울에서는 공연이 없으면 언제 돈이 떨어질지 모른다는 불안감이 항상 있었는데 이곳에서는 매달 일정한 월급이 들어오니 안정감은 느껴져 좋았다. 하지만 '개 버릇 남 못 준다'고 가만히 앉아서 하는 일이나 단조로운 일상이 차츰 지겨워지기 시작하면서 다시 뭐라도 하고 싶다는 생각이 꿈틀거리기 시작했다.

이런 이야기를 언젠가 연기학원 다닐 때 알게 된 대전 친구에게 말한 적이 있는데 얼마 후 전화가 왔다. 자신이 일하고 있는 극단에서 어린이 뮤지컬 배우 한 명이 필요한데 혹시 해볼 생각 없냐는 것이었다. 뮤지컬은 노래도 해야 했는데 그전까지 한 번도 무대에서 노래를 한 적이 없었고 잘하는 편이 아니라 망설였다. 고민을 하는 나에게 친구는 배역이 그렇게 크지 않아 노래 분량도 별로 되지 않고, 다 같이 부르는 부분이 많아 부담되진 않을 거라고 했다. 그래서 다시 무대에 오르게 되었다.

그런데 이게 문제였다. 한번 무대에 서기 시작하니 억눌러 있던 연극에 대한 욕구가 서서히 차오르기 시작한 것이다. 결국 연극을 할 만한 곳이 없는지 찾아보게 되었고 곧 새로 생긴 직장인극단에 들어가게 되었다. 이 극단은 생업이 아닌 취미로 연극을 하고 싶어 하는 사람들이 모여 있는 곳이었다. 그랬기에 굳이 내가 대학로에서 연극을 했다는 것을 알리지 않았다. 말하게 되면 연기를 잘해야 한다는 부담감이 생길 거 같았기 때문이다. 그러나 들어간 지 2개월쯤 되었을 때 밝힐 수밖에 없는 사건이 생겼다. 원래 대전에서는 자체적으로 연극 오디션을 해서 배우를 뽑는 일이 거의 없었는데 우연히 대전에서 공연하게 될 배우를 뽑는다는 오디션 공고를 보게 된 것이다. 이런 절호의 찬

스를 놓치고 싶지 않아 오디션을 넣었고 합격을 하게 되었다. 다시 한 번 연극배우를 할 수 있는 기회가 주어져 3개월 동안 공연을 할 수 있게 되었다. 그랬기 때문에 직장인 극단에 당분간 못 나간다는 말과 함께 어쩔 수 없이 커밍아웃을 하게 되었다.

그러고 보면 나의 의지와는 다르게 세상이 참 신기하게 흘러간다. 어떨 땐 열심히 노력해도 마음대로 되지 않는 인생 때문에 힘들고 절망적인 순간이 있다. 하지만 또 어떨 땐 이렇게 쉽게 살아도 되는 건가 싶을 정도로 별 노력 없이 순탄하게 흘러갈 때도 있으니 말이다. 대전에 내려올 때까지만 해도 연극을 다시 할 수 없을 거 같았는데 어떻게 하다 보니 어린이 뮤지컬도 하고 직장인극단도 하게 되며 배우의 끈을 힘겹게 붙잡고 있었다. 그러다 결국 대전 내려온 지 불과 6개월도 되지 않아 다시 연극배우로 무대에 오르게 되었다. 이럴 때 보면 운명이라는 것도 존재하긴 하는 거 같다. 가수 신신애 님이 불렀던 노래 제목 〈세상은 요지경〉이라는 말이 괜히 나온 말이 아니다. 인생은 알다가도 잘 모르겠고 어렵지만 재미있기 때문에 살아갈 맛이 나지 않을까 생각해본다.

# 8

## 허투루 낭비한 것 없었던 시간들

'NO'를 거꾸로 쓰면 전진을 의미하는 'ON'이 된다.
모든 문제에는 반드시 문제를 푸는 열쇠가 있다.

**_ 노먼 빈센트**

무사히 연극을 마치고 3개월 후 다시 직장인극단에 갔다. 그러나 극단은 내가 생각한 모습으로 있지 않았다. 단원 전체가 연극을 한 번도 해본 적 없었기에 첫 공연을 어떻게 할지 갈피를 못 잡아 3개월 전이나 지금이나 아무것도 진전된 것이 없었기 때문이다.

이렇게 있으면 극단이 없어질 것만 같아 뭐라도 하고 싶었다. 원래 나는 리더십이 있는 사람은 아닌데 그땐 무슨 바람이 들었는지 연출을 한번 해보겠다고 했다. 그리고 어떤 공연을 할지 정하지도 않았는데 공연 날짜와 장소를 잡고 공연장을 미리 계약했다. 그렇게 해야 죽이 되든 밥이 되든 뭐라도 할 수 있을 거 같았다. 그다음은 인원에 맞는 연극을 찾아 대본을 쓴 작가에게 허락을 맡았고 배역을 정했다. 일사천리로 연극을 할 수 있는 준비를 끝내고, 본격적으로 나의 주도로 연습에 들어갔다. 한 번도 연출을 한 적이 없어 어떻게 할지 우왕좌왕하기도 했지만 다행히 사람들이 잘 따라와 주어 연습은 생각보다 꽤 순조롭게 진행되었다. 모두가 처음이었기 때문에 다들 열정이 넘쳐 단원 모두가 퇴근을 하면 곧바로 연습실에 와서 2~3시간씩 연습을 하고 집에 갔다. 그렇게 약 2개월에 걸친 연습 끝에 극단 '하품'의 첫 공연이 오르게 되었고, 지금까지 약 7년 동안 연출 및 스텝, 아주 가끔 연기도 하며 아직도 남은 나의 꿈에 대체제가 되어 주고 있다.

첫 연출임에도 불구하고 무사히 연극을 마칠 수 있었던 건 과거의 경험이 한몫했다. 처음 대학로에 갔을 때 스텝을 하며 어깨너머로 배웠기 때문에 가능한 일이었다. 무대를 설치할 때 무대감독님을 따라 목공 작업도 했고, 조명 세팅을 하는 연출님을 보며 '이럴 땐 이런 색깔의 조명이 어울리는구나.'를 자연스레 배우게 되었다. 만약 그때 스텝을 하지 않았다면 연출을 하지 못했을 수도 있고 지금 활동하고 있는 직장인극단도 지금까지 존재하지 않았을지도 모른다. 그리고 극단을 통해 알게 된 사람들과의 인연도 없었을 수도 있다. 정말 불필요하고 아무것도 아닌 일인 것 같아 보였지만 그 시간들이 모여 인생을 이어준 것이다. 이처럼 시간이 지나고 과거를 되짚어 보면 허투루 낭비하는 시간은 존재하지 않는다는 걸 나이가 들수록 더 느끼게 된다.

20대 때 했던 아르바이트도 그랬다. 30대 중반까지 번듯하게 돈을 벌 수 있는 직업을 가지지 않았기 때문에 남들보다 훨씬 더 많은 아르바이트를 했는데 그것이 나에게 밑거름이 되었다. 그땐 단지 돈을 버는 수단이라고 생각했지만 시간이 지나고 생각해 보니 아르바이트는 돈 그 이상으로 나에게 큰 가치를 주었던 것이다. 그중에서도 가장 큰 수확이라고 생각하는 건 직업에 대한 방향성을 알게 된 것이다. 아르바이트를 하면 할수록 나는 사무직을 하는 것보다 서비스직에 더 잘 어울리는 사람이라는 것을 알게 되었다. 책상에 앉아 컴퓨터로 일하는 것도 해봤는데 일단 앉아 있는 것 자체가 곤혹스러웠고 시간도 잘 가지 않아 분마다 시계를 확인했다. 하지만 사람을 상대하는 서비스직을 할 때는 훨씬 더 즐겁게 일했고 그만큼 시간이 빨리 갔다. 그래서 나중에 어떤 직업을 선택하는 순간이 오면 꼭 사람을 상대하는 일을 해야겠다는 생각을 했다. 잠재되어 있는 생각 때문이었을까? 지금 직업은 사람을 가르치고 있는 헬스 트레이너이다. 역시나 예상대로 회원들과 만나는 것이 즐겁고 가르치는 것에 보람도 많이 느끼기 때문에 직업에 대한 만족도가 높다.

헬스 트레이너를 하다 보면 20대 회원님들을 많이 만나게 된다. 그들과 이런저런 이야기를 하다 보면 꿈을 찾지 못해 방황한다는 내용이 많다. 그때마다 회원님들에게 이렇게 말해준다. 하고 싶은 일이 지금 당장 생각나지 않는다면 아르바이트부터 해보라고 말이다. 집에 가만히 앉아 미래를 생각해도 답은 나오지 않기 때문이다. 아르바이트를 했는데 그 일이 적성에 맞지 않고 힘들어 그만두게 되면 이렇게 생각하면 된다. '나는 이런 종류의 직업군을 선택하면 안 되겠구나.' 하고 말이다. 그리고 직업의 목록에서 하나씩 없애면 된다. 그러다 보면 언젠가는 아르바이트로 나에게 맞는 직업을 찾을 수도 있다.

실제로 예전에 영화관에서 아르바이트를 한 적이 있었는데 거기에서 일했던 아르바이트생이 영화관 일에 매력을 느껴 그곳에 정식 입사하는 경우가 있었다. 영화관에서 일해본 경험 때문에 그곳에 대한 시스템을 잘 알고 있어 남들보다 입사가 더 수월했다고 한다. 그러니 어떠한 일이든 해보고 직접 느껴보는 것이 중요하다.

미국의 사업가이자 작가 윌리엄 클레멘트 스톤은 "생각으로는 두려움을 극복할 수 없지만, 행동으로는 극복할 수 있다."라고 말했다. 살아가는 것이 막막하고 두렵게만 느껴진다면 이제 더 이상 생각은 멈추고 자리에서 박차고 나와 어떠한 일이든 해보길 바란다.

**9**

## 최악도 결국 최고가 된 기억

가장 좋은 것을 얻으려면 아주 힘든 과정을 거쳐야 한다.

_ 델마 톰슨

앞서 말했듯 지금 내 직업은 헬스 트레이너이다. 하지만 살면서 이 직업을 가지게 될 거라고는 생각을 단 한 번도 한 적이 없다. 그랬기에 지금도 이 일을 하고 있다는 사실이 놀랍기도 한데 이것 역시 결국 운명이 아닐까 하는 생각이 든다.

헬스와의 인연은 연극을 할 때부터 시작이 되었다. 연극은 주로 저녁에 공연을 하기 때문에 낮에는 할 일이 별로 없었지만 남들 다 일하는 시간에 집에서 가만히 있으면 왠지 나 혼자만 도태되는 느낌이 너무 싫어 이 시간에 뭐라도 하고 싶은 생각이 들었다. 특히 서울 길거리에는 저마다 바쁜 일상으로 빠르게 걷는 사람들이 많이 보이는데 나도 이런 삶을 살아야 할 거 같은 압박감도 들었다. 무엇을 할까 고민하다가 다이어트도 할 겸 운동을 해야겠다는 결심을 했고, 마침 당시 호감 있던 친구가 헬스장을 다니고 있어 자연스럽게 헬스에 입문하게 되었다.

사실 그전에도 운동을 해야 한다는 생각이 있어 헬스장을 다닌 적이 있었다. 그러나 헬스라는 운동에 매력을 느끼지 못했다. 헬스장에 가면 운동기구를 어떻게 사용하는지 누구 하나 가르쳐 주는 사람이 없어 유산소 운동만 했는데 며칠 하다 보면 그것마저 재미없어졌다. 무엇보다 헬스는 정적인 운동이라 따분해 보였고, 힘겹게 무게를 드는 모습을 보면 왜 저렇게 사서 고생을 할까 도저히 이해가지 않았다. 헬스장에 갈 때마다 헬스는 지루한 운동이라는 인식이 점점 더 강해져 어느 순간에는 그곳을 가지 않게 되며 돈 버리기를 반복했다.

  그래도 이번에는 친구가 운동을 알려주었기 때문에 훨씬 더 재미있게 헬스장을 다니게 되었다. 어쩌면 그 친구와 같이 해서 더 그렇게 느꼈을지도 모른다. 어떠한 이유든 꾸준히 하다 보니 슬슬 재미있어지기 시작했다. 남들보다 힘이 센 편이라 무게도 단시간에 확확 늘다 보니 헬스인 사이에서 흔히들 말하는 '무게 치는 맛'에 중독되어 헬스장 가는 길이 즐거웠다. 그렇게 헬스의 매력을 알게 된 것이다. 거기에 헬스를 시작하면서부터 몸무게 변화는 거의 없었지만 만나는 사람마다 살 빠졌다는 이야기를 하다 보니 중독될 수밖에 없었다.

  하지만 슬슬 문제가 생기기 시작했다. 전문가에게 운동 방법을 배우지 않은 것이 화근이었다. 운동을 가르쳐준 친구는 10년 동안 헬스를 한 사람이었지만 이 친구 또한 혼자 운동 방법을 습득해 알려주었기 때문에 자신과 나의 체형이 다르다는 것을 인지하지 못하고 운동을 가르쳐 줬다.

또한 남자다 보니 무게를 잘 칠 수 있는 방법만 집중해 알려 주었다. 1년이 넘도록 그렇게 운동했는데 어느 날부터인가 무릎과 어깨가 아프기 시작했다. 당연한 결과였다. 자세는 안 좋은데 무게 욕심만 생겨 늘리다 보니 관절이나 근육이 버텨주지 못했던 것이었다. 그런데도 그 당시에는 왜 아픈지 이유를 몰랐고, 아팠음에도 불구하고 욕심 때문에 운동을 계속했다. 그러다 더 이상 운동하지 못할 정도로 통증이 심해져서야 멈출 수 있었다.

운동을 쉰다는 불안감에 빨리 다시 운동을 하고 싶어 어떻게 하면 빠르게 회복할 수 있는지 찾아봤다. 그런데 찾으면 찾을수록 그동안 배운 운동이 잘못되었을 수도 있겠다는 생각을 하게 되었다. 그때부터 헬스에 대한 이론 공부를 시작하게 되었다. 공부할수록 다친 이유에 대해 알게 되었고 그동안 했던 운동이 너무나 잘못되었다는 걸 깨닫게 되었다.

시간이 지나고 어느 정도 회복이 되면서 헬스장에 다시

나가게 되었다. 하지만 이전과는 다르게 무게를 다 내려놓고 처음부터 운동한다는 마음으로 시작했다. 이론 공부를 바탕으로 실전에 대입시키니 그전보다 무게를 낮추고 더 짧게 운동하는데도 근육량이 늘기 시작했다. 운동도 더 재미있어졌다. 이런 경험이 생기니 나처럼 운동을 잘못 배운 사람들이 분명 어딘가에는 있을 거 같다는 생각이 들면서 안타까운 마음이 들었다. 그들에게 정확하게 운동 방법을 가르쳐 주고 싶다는 생각이 자연스레 들게 되었다. 스스로 터득한 방법이었기 때문에 누구보다 잘 가르쳐줄 자신이 있었다. 그렇게 헬스 트레이너라는 직업이 눈에 들어오기 시작하여 관련 자격증까지 따게 된 것이다. 이것이 내가 헬스 트레이너를 하게 된 이유이다.

당시 헬스를 처음 가르쳐 주었던 호감 있던 사람은 나에게 최악의 추억을 남기고 사라졌다. 그러나 그 사람 때문에 시작한 운동이 지금은 나를 먹여 살려주고 있는 헬스 트레이너라는 직업이 되어 돌아온 것이다. '인생의 묘미'라는 게 이럴 때 쓰는 말이 아닐까 싶다.

## 10

## 그때는 틀리고 지금은 맞다

우리가 가진 모든 생각들을 통해
우리의 미래가 만들어지게 될 것이다.

_ 루이스 헤이

막상 헬스 트레이너가 되어 직접 가르쳐보니 미숙한 부분이 많다고 생각해 더 배우고 싶었다. 당시에는 헬스와 관련된 강의를 하는 곳이 그렇게 많지 않아 배우기가 어렵긴 했지만 그래도 틈틈이 관련 세미나나 교육이 있는지 찾아봤다. 그리고 그런 기회가 있으면 과감하게 비용을 투자했고 어디든 배우러 다녔었다. 또한 다양한 운동을 하며 몸을 쓰는 법을 배웠는데 그중 하나가 필라테스였다. 이 운동을 해보니 헬스와 궁합이 정말 잘 맞을 거 같았다. 헬스는 강한 힘을 쓸 때 많이 사용되는 겉근육을 주로 운동한다면 필라테스는 몸의 밸런스를 잡아줄 수 있는 속근육 운동이 많기 때문에 두 가지를 잘 조합해서 가르치면 시너지가 좋을 거 같다는 생각이 들었다. 그리고 당시 필라테스가 막 유행하기 시작했을 때라 회원들도 좋아할 거 같았다. 그때부터 필라테스 자격증을 따야겠다고 생각했다.

그러나 시작부터가 쉽지 않았다. 자격증 과정을 알아보니 생각보다 돈이 많이 들었기 때문이다. 당시 적게는 500만 원, 많게는 700만 원이 넘는 비용이 든다고 했다. 막상 따겠다는 생각은 했지만 비용 때문에 쉽게 결정하지는 못해 찾아보다가 그만두기를 반복했다. 어느 순간 자꾸 돈 때문에 다음으로 미루게 되면 결국 따지 못할 거 같다는 생각이 들었다. 그런 생각이 들자 이번에는 반드시 자격증 과정을 신청하겠다는 다짐을 하고는 조금이라도 더 저렴한 곳을 찾기 위해 카페에 앉아 열심히 인터넷을 검색했다. 몇 시간을 찾은 끝에 200만 원대에 필라테스 자격증을 딸 수 있는 곳을 발견하게 되었다. 일주일에 두 번 교육을

받으러 서울을 가야 하지만 차비를 합쳐도 300만 원이면
딸 수 있었기 때문에 대전에서 따는 것보다는 훨씬 더 저
렴했다. 이곳을 선택해야겠다고 결심했다.

결정은 했지만 그 정도의 돈도 나에게 있지 않았다. 하
지만 한 번 더 미룬다면 다음은 또 언제가 될지 기약할 수
없었기 때문에 고심 끝에 카드론으로 대출받아 자격증 과
정비를 냈다. 그렇게 약 4개월 동안 대전과 서울을 오가며
마침내 필라테스 자격증을 따게 되었다. 그리고 운이 좋게
도 자격증을 딴 지 약 6개월 후, 예정에도 없던 센터를 차
리게 되면서 결국 원하는 대로 헬스와 필라테스를 같이 접
목하는 수업을 시작하게 되었다. 참고로 그때 받았던 대출
은 센터를 차린 지 3개월도 되지 않아 다 갚았다.

지금 생각하면 언제 필요할지 모를 자격증을 따느라 대
출을 했다는 게 말이 되지 않는 이야기이다. 나 역시 그때
의 내가 무슨 생각으로 그랬는지 이해할 수가 없다. 당장
다음 달 돈도 없어 쩔쩔매는 시기에 자격증이라니! 그것도

대출로 말이다. 하지만 그때 자격증을 따지 않았더라면 지금은 시간이 없어 자격증을 따기 어려웠을 것이다. 그땐 돈은 없었지만 시간은 지금보다 더 많았기 때문에 서울을 오가며 자격증을 딸 수 있었다. 따라서 그때가 자격증을 따기 적절한 시기였다고 생각한다. 무모한 도전이긴 했지만 그땐 틀리고 지금은 맞는 선택이었다. 그렇다고 대출을 권장하는 건 아니니 오해는 없었으면 좋겠다.

나는 절대 대담한 성격이 아니다. 오히려 소심한 성격이라 평소 같았으면 절대 하지 않았을 일이었지만 필라테스 자격증이 언젠가는 꼭 필요하다는 확신이 있었다. 그랬기에 대출이라는 큰 결정을 한 것이다. 다행히 내 생각이 맞았고, 이 자격증은 생각보다 빠르게 쓸모 있게 되었다. 이렇듯 만약 내가 생각하고 있는 것에 대한 확신이 있다면 조금 무모하더라도 일단 한번 저질러 보는 용기도 필요하다는 것을 말해주고 싶다.

**11**

## 그럼에도 나는 나를 믿었다

어떤 일이든 할 수 있고, 이루어진다고 마음 먹어라.

그리고 그 방법을 찾아라.

**_ 에이브러햄 링컨**

2019년 코로나가 터졌다. 처음에는 예전에 겪었던 바이러스와 같이 무사히 지나갈 거라고 다들 생각했기 때문에 헬스장도 큰 타격이 없었고 수업도 차질 없이 진행되었다. 하지만 2020년 3월 이후 태어나서 한 번도 겪지 못했던 일을 겪게 되었다. 한국에도 코로나 환자들이 늘어나면서 사망자가 기하급수적으로 증가하게 되며 더 이상 한낱 지나가는 바이러스가 아니라는 걸 깨닫게 된 것이다. 길거리에는 마스크를 쓴 사람들이 늘어나다가 이내 죽은 도시처럼 사람의 모습을 찾기 힘들어졌다. 헬스장도 다를 바가 없었다. 일하는 시간 동안 회원들을 못 보고 퇴근하는 날도 있을 정도였다. 정부는 비상상황을 선포하고 집합시설에게 문을 닫을 것을 권고했다. 처음에는 헬스장도 먹고살아야 했기 때문에 문을 닫지 않고 버텼지만 모든 선생님의 수업이 계속 취소되면서 문을 열지 않는 것이 돈을 더 아끼는 길이 되어버렸다. 그래서 내가 일하던 헬스장도 결국 2주 동안 문을 닫았다.

2주가 지나고 다시 출근을 했지만 회원님들은 여전히 오지 않아 헬스장은 텅텅 비어 있었다. 앞으로도 상황이 더 좋아질 거 같지 않았기 때문에 헬스장에서는 정리해고를 시작했다. 당시 그곳에는 모두가 정직원이었고 나 혼자 파트타임이었기 때문에 나부터 해고 통보를 받았다. 어느 정도 예상은 했지만 갑자기 현실로 다가오니 막막했다. 다른 헬스장에서도 모두 비슷한 상황을 겪고 있었기 때문에 트레이너 모집을 하지 않는 것은 당연했다. 다른 일자리도 코로나의 타격으로 채용공고는 올라오지 않았다. 여기를 그만두면 무슨 일을 해야 할지 도무지 감이 잡히지 않았다.

먹고살기 위해서 어떤 선택을 해야만 했는데 그때 문득 예전부터 하고 싶었던 일이 생각났다. 바로 여성전용 헬스장을 오픈하는 일이었다. 트레이너를 하기 전부터 느낀 건데 일반 헬스장은 여자들이 운동하기 불편할 거 같다는 생각이 들었다. 지금은 여자도 헬스를 취미로 하는 사람이 많지만 내가 헬스장을 다니던 시절에는 헬스장에서 운동하는 사람들 대부분이 남자였다. 그런 곳에서 여자가 운동하기에 부담스럽다고 생각했기 때문이다. 나 역시 운동을 처음 시작할 때 그랬기에 여성전용 헬스장이 있었으면 좋겠다는 생각을 했었다. 가끔 누가 꿈을 물어보면 트레이너도 아닌데 "여성전용 헬스장을 차리는 게 제 꿈입니다."라고 말할 정도였다. 아마 분명 누군가는 내가 허언증이 아니었나 생각했을 수도 있다. 아무튼 그 생각이 불현듯 떠올랐다. 당장 주변에 여성전용 헬스장이 있는지 검색부터 해봤다. 다행히 주변은커녕 아직까지 대전에는 없었다. 이왕 하는 김에 이 지역 최초로 여성전용 헬스장을 차리고 싶었지만 헬스장 차릴 돈은 없어 절충안으로 여성전용 PT 센터를 차리자는 생각을 하게 되었다. 그런 생각을 하게 된 건 해고 통보받은 날로부터 불과 3일 후였다.

그렇게 결정을 하고 제일 먼저 한 일은 어디에 차리면 좋을지 정하는 일이었다. 가게를 오픈할 때 가장 중요한 건 상권이라는 소리를 어디서 들은 적이 있었기 때문이다. 하지만 상권에 대해 공부하기에는 시간도 부족하고 어떻게 공부할지도 몰라 그나마 익숙한 내가 사는 곳 주변으로 가게를 알아보는 것이 좋을 것 같았다. 주변에는 헬스장이나 PT샵이 거의 없었는데 그마저도 평이 그렇게 좋지 않거나 오래된 시설이었기 때문에 잘하면 경쟁력이 있을 거라고 생각했다.

바로 부동산에 가서 최대한 저렴한 보증금과 월세를 낼 수 있는 곳을 알아봐 달라고 했다. 그때까지도 거의 모아둔 돈이 없어 무조건 아껴야 했기 때문이다. 부동산 사장님께서는 이곳이 번화가라 중심에는 저렴한 곳이 없고 조금 외곽으로 가야 저렴한 월세를 구할 수 있다고 했다. 그렇게 3~4군데 상가를 봤는데 저렴한 월세 탓인지 하나도 마음에 드는 곳이 없었다. 이제 단 한 곳밖에 남지 않았다는데 '이것도 마음에 들지 않으면 어떻게 하지?'라는 걱정과 함께 마지막 상가를 보러 갔다. 이 상가는 이제까지 본 모든 상가 중 월세가 가장 저렴한 곳이었다. 저렴한 가격답게 건물은 지은 지 오래되어 보였고, 몇 년 동안 임대가 나가지 않는 곳이라 내부 상태가 그다지 좋아 보이지 않았다. 하지만 창이 양면으로 나 있어서 센터 하기에 적합하다는 생각이 들었다. 바로 앞에는 구청이 있었는데 '구청 사람들은 간판을 보고 올 수도 있겠다.'라고도 생각했다. 물론 예상은 빗나갔지만 말이다. 조금 걱정되는 것은 센터의 주 고객은 20~30대 여성이라 분명 이 낡은 건물을 좋아할 리 없다는 것이었다. 그럼에도 그 당시 예산을 맞추려면 이곳이 가장 최선의 선택이었고 다른 대안도 없었다. 결국 고민 끝에 그곳으로 계약하게 되었다.

빨리 오픈하여 영업을 시작하는 것이 월세를 최대한 아

낄 수 있는 길이라고 판단하여 계약하자마자 바로 인테리어를 시작했다. 돈을 아끼기 위해 인테리어 업체도 통하지 않고 전기, 수도 등 하나하나 수소문해서 전문가를 찾아 공사를 했다. 그리고 페인트 칠하는 것과 같이 내가 할 수 있는 부분은 직접 했다.

인테리어를 한창 하고 있을 무렵 친구들이 놀러 왔는데 좋게 말하기는 했지만 말의 뉘앙스가 '이런 곳에서 이런 인테리어로 오픈한다고?'라는 느낌이었다. 실제로 센터가 조금씩 안정을 찾아갈 때 그들의 진짜 속마음을 들을 수 있었는데, 이렇게 오픈한다고 하길래 글러 먹었다는 생각을 했다고 한다. 아무튼 상권도 그렇게 좋지 않고 건물도 세련되지 않았으며 인테리어도 그저 그런, 뭐 하나 특출난 것 없는 센터를 오픈하게 되었다. 센터를 오픈하겠다고 결심을 한 순간부터 인테리어 하는 데까지 3개월도 채 되지 않는 시간이었으니 정말 속전속결로 모든 것을 진행한 것이었다.

말은 이렇게 쉽게 썼지만 처음부터 쉽지 않았다. 일단 모든 사람들이 전부 반대했다. 그도 그럴 것이 그때 코로나 타격으로 폐업하는 가게들이 너무나도 많았기 때문이다. 실제로 내가 거주하는 곳은 밥집과 술집들이 많이 있는 번화가였는데 하루가 다르게 문 닫는 곳이 늘어났다. 센터를 한다고 결심했을 때는 주변 상권의 3분의 1이 폐업을 하고 있었기 때문에 반대를 하는 건 당연한 일이었다. 특히 가족들의 반대는 심했다. 매일 폐업하는 가게들이 넘쳐나 생활고로 인해 잘못된 선택을 하는 사람들의 이야기가 TV를 틀면 심심치 않게 나왔기 때문이다. 하던 가게도 다들 그만두는 마당에 왜 하필 이 시기에 갑자기 불구덩이에 들어가려고 하냐며 내 결정을 이해해 주지 못했다.

내가 혹시 힘들어질까 봐 걱정스러운 마음에서 하지 말라고 말린 거라는 걸 잘 안다. 하지만 솔직히 그땐 사람들의 진심 어린 걱정이 고맙기보다 왜 나를 믿어주지 못하는 것인지 억울했다. 그래서 한동안 가족들과 연락도 끊으며 지냈었다. 벼랑 끝에 몰려 창업을 한다고 했지만 처음으로 큰돈을 들여 창업하는 것이었으니 나 또한 불안하기는 마찬가지였다. 그랬기 때문에 "하지 마!"라는 말보다 "너니까 잘될 거야."라는 말이 더 필요한 순간이었다. 결국 나중에는 가족들도 나의 간절함을 알고 많은 응원을 해줬다.

이런 반대에도 불구하고 과감하게 센터를 오픈할 수 있었던 건 나름대로의 믿음이 있었기 때문이다. 그것은 바로 어느 누구보다 쉽고 재미있게 운동을 잘 가르칠 수 있다는 자신감이었다. 지금 돌이켜보면 말도 안 되는 생각이었지만 그땐 수업을 엄청 잘한다고 생각했다. 거기에 나의 자신감에 기름을 붓는 이야기도 들었다. 해고를 앞두고 회원님의 남은 수업을 마무리하고 있을 때였다. 어떻게 이야기하다 보니 회원님한테 센터를 차릴 생각이라고 말하게 되었는데 이렇게 말해주었다. "듣기 좋으라고 하는 말이 아니라 제가 만난 트레이너 중에 가장 회원들에게 최선을 다해서 수업하니 분명 엄청 잘되실 거예요! 이러다가 나중에 여러 지점 차리는 거 아니에요?"라고 말이다. 그 말 때문인지 실제로 지금 여러 곳의 센터를 운영하고 있으니 회원님의 말 한마디가 나를 이렇게까지 이끌어준 게 아닐까 하는 생각이 들기도 한다.

센터를 차리고 오픈할 때까지도 사람들의 도움을 많이 받았다. 지인들이 간간히 놀러 와 짐을 같이 옮겨주었고, 막상 차리기는 했지만 어떤 것부터 해야 할지 몰라 우왕좌왕하고 있을 때 지금은 올케가 된 친구가 인터넷에 업체 등록하는 방법을 알려 주었다. 그렇게 주변 사람들의 도움으로 센터를 위한 준비를 하나씩 마치게 되었다. 마지막으로 홍보만 하면 되었는데 어떻게 하는지 감이 서질 않아 그건 시도조차 하지 못했기 때문에 '리뷰도 없는 조그마한 센터에 한 명이라도 문의가 올까?'라는 의구심이 들었다. 그러나 나의 걱정과 달리 한두 명씩 연락이 오기 시작하면서 생각했던 오픈 날짜보다 조금 더 빠르게 오픈하게 되었다. 그리고 정말 기적적으로 한 달도 되지 않아 수업을 거의 다 채우게 되었다.

이렇게 될 수 있었던 이유는 행운처럼 좋은 회원님들을

만난 덕분이었다. 처음 등록했던 회원님들이 입소문을 내주기 시작하면서 만든 결과였기 때문이다. 하루에 기본 10~13개씩 수업을 하는데도 회원을 더 이상 못 받아 대기자가 생겼다. 그렇게 정신없는 6개월을 보냈다. 매일 그렇게 수업하다 보니 몸이 너무 힘들긴 했지만 나 하나 믿고 와준 회원님들 덕분에 이렇게 수업할 수 있음에 감사하며 매 순간 최선을 다했다. 하루에 마지막 수업을 할 때도 회원님이 "오늘 수업 10개 한 거 진짜 맞아요?"라고 할 정도로 모든 시간에 에너지를 쏟았다. 이런 순간이 나에게도 왔다는 것이 기쁘고 감격스러워 가끔 수업을 하다가 울컥할 때도 있을 만큼 너무 행복했다.

　이런 시간이 행복했던 건 돈도 돈이지만 나의 진심이 닿았다고 생각했기 때문이다. 센터를 오픈하기 전 사업을 하고 있던 친동생한테 센터를 어떻게 운영할지에 대해 이야기를 했었다. 그때 처음으로 든 생각은 진실되게 장사하고 싶다는 마음이었다. 그래서 동생에게 "상담을 할 때 상품을 판매하기보다 언니의 마음으로 현실적인 이야기를 해주는 센터가 되고 싶다. PT를 받는 회원님이 나 없이도 운동을 잘하게 된다면 재등록을 권하기보다 혼자서 해보는 것이 어떻겠냐고 말해주는 선생님이 되고 싶다."와 같은 말을 했다. 그 말은 들은 동생은 "그렇게 하면 안정될 때까지 시간이 좀 많이 걸리겠는데… 고생 좀 하겠어."라고 답했다. 동생 입장에서는 답답했을 수도 있다. 장사는 현실인데 너무나도 이상적인 이야기를 늘어놓았으니 말이다. 있는 돈 없는 돈 끌어 모아서 하는 장사였기 때문에 지금은 이상보다는 현실을 직시하고 어떻게든 손님을 한 명이라도 확보하는 것이 당연했다. 그럼에도 장사꾼보다는 좋은 선생님이고 싶었다.

그런 마음으로 시작한 센터가 잘되기 시작하니 나의 선택이 옳았다는 것이 정말 좋았다. 그로 인해 나에 대한 믿음도 조금씩 생겼다. 나아가 센터에 대한 자부심과 자신감이 붙어 자연스레 센터를 하나둘씩 늘리게 되었다.

이제 창업을 한 지 햇수로 5년이 흘렀다. 그 시간 동안 4

개의 센터를 오픈하고 1개의 센터를 폐업했다. 초보 창업자였기 때문에 센터 운영하는 과정에서 수많은 사건과 사고 속에서 어떻게 해야 할지 모를 때도 있었지만 다행히 큰 사고 없이 무탈하게 운영하고 있다. 아주 잠깐은 내가 잘해서 이렇게 된 것이라는 생각도 했었다. 하지만 결국 나를 믿어주는 사람들이 있었고 부족한 사장을 믿고 따라와 준 직원들 덕분에 여기까지 올 수 있었다고 생각한다. 그건 시간이 흐르면서 더 잘 알게 되었다. 그 믿음에 보답할 수 있도록 오랜 시간 내 곁에 머물렀으면 좋겠다.

## 나다운 삶을 위한 디딤돌

### 도전을 위한 자극제

벌써 프로그램이 종영한 지 5년이 넘었지만 아직까지도 나에게 최고의 프로그램이 뭐냐고 묻는다면 고민도 없이 〈무한도전〉이라고 말할 수 있다. 프로그램을 방영할 당시 다른 프로그램은 다시 보기로 봤지만 〈무한도전〉만큼은 본방송으로 볼 정도로 좋아했었다. 그래서 가급적 토요일 오후에는 약속을 잡지 않았다. 친구들도 내가 이 프로그램에 미쳐 있는 걸 알아서 그 시간에는 당연히 집에 있겠다고 생각해 집으로 놀러 오기도 했었다.

〈무한도전〉은 대한민국 평균 이하임을 자처하는 남자들이 매주 새로운 상황 속에서 펼치는 좌충우돌 도전기를 다룬 프로그램이었다. 그랬기에 매주 그들의 도전 모습이 그려졌다. '내가 왜 이 프로그램을 좋아하게 되었을까?'라고 생각해 봤다. 아마도 도전이라는 콘셉트 자체가 좋았던 거 같다. 프로그램 초반에는 체력을 가지고 도전하는 것이 많이 있었는데 보통 사람들보다도 더 안 좋은 체력으로 뭔가를 위해 도전하는 모습이 보기 좋았다. 도전하는 과정 속에서 우스꽝스러운 모습도 있었지만 결국 이뤄내는 모습이 사람들로 하여금 재미와 감동을 동시에 준 프로그램이었다고 생각한다. 또한 〈무한도전〉을 보면서 '저렇게 체력이 안 좋은 사람들도 하는데 나도 할 수 있지 않을까?'라는 생각과 함께 뭔가에 도전해보고 싶은 열정이 생기게 되었다. 아마 많은 사람들이 나와 같은 생각을 했었기 때문에 이 프로그램의 마니아들이 많았을 것이라고 생각한다.

〈무한도전〉에서 했던 도전 중 정말 많은 에피소드가 다 주옥같았지만 그중에서도 특히 조정 편이 가장 기억에 남는다. 이 도전은 5개월의 장기 프로젝트로 진행되었다. 세계 명문 사립대학들 조정 팀이 참가하는 대회에 초청받으며 프로젝트가 시작되었다. 대학생들이 참가하는 대회에 평균 나이 30대 후반의 사람들이 도전한다는 것 자체가 엄청난 일이었다. 멤버들은 한 번도 조정을 해본 적이 없었기 때문에 경기 방식부터 노 젓는 방법 등 아주 기초적인 것부터 배워야 했다. 그 당시 〈무한도전〉을 통해 최고의 주가를 올리고 있던 멤버들이라 시간을 내기도 힘들었지만 자신에게 주어진 도전에 최선을 다하려고 바쁜 시간을 쪼개서 연습했다. 그리고 회가 거듭할수록 조금씩 발전해 나가는 모습을 보여주었다.

5개월의 노력이 빛을 발하게 되는 경기 날. 경기 전에 개그맨 정준하 님의 부상으로 조정 멤버가 교체되면서 연습 과정에서도 우여곡절이 많았지만 경기 날까지도 운이 따라 주지 않았다. 개그맨 박명수 님은 배를 옮기던 중 노를 밟아 발이 미끄러지면서 발목 부상을 당하게 되고, 스타트 신호 소리가 들리지 않아 타이밍을 놓쳐 출발부터 뒤처지는 등 크고 작은 사건들의 연속이었다. 그럼에도 묵묵히 결승점을 향해 나갔다. 총 2,000m의 거리를 9명이 서로 믿고 합심해서 노를 저으며 나가는 모습이 너무 멋있었다. 비록 꼴찌로 결승선을 통과했지만 모두가 진심이었기에 도전 그 자체가 너무나 빛났던 회였다. 그렇기에 이 도전은 아무도 실패했다고 생각하지 않았다.

이 장면의 하이라이트는 배가 잘 갈 수 있도록 나침반 역할을 했던 개그맨 정형돈 님이 결승점을 통과하고 멤버들에게 해줬던 말이었다. "내가 봤어. 우리 진짜 잘 탔어. 진짜 멋졌어!"라고 울

부짖으며 외쳤는데 이 말이 조정 편을 한마디로 설명해 주는 말이었다고 생각한다. 멤버들도 죽을힘을 다해 각자의 위치에서 최선을 다했기 때문에 후회가 없다고 했다. 결과가 그들에겐 중요하지 않았던 것이다. 이 편을 보며 많은 사람들이 도전에 대한 아름다움을 발견했으리라고 생각한다. 나 역시 도전의 욕구를 불러일으켰는데 특히 이 프로젝트를 보며 나에게도 저런 멋진 동료들이 있었으면 좋겠다는 생각이 들었다.

〈무한도전〉은 비록 역사 속으로 사라졌지만 이 프로그램으로 인해 불안정했던 나의 20대에 삶의 지표가 되어 주었다. 지금도 거침없이 도전을 할 수 있는 이유 중의 하나가 도전에 대한 긍정적인 이미지를 심어주었던 〈무한도전〉이란 프로그램 때문이 아닐까 싶다.

이대로는 심심한 인생, 더 재미있게 사는 방법은 없을까? 정말 알아보지 않아?

# part 2.

나다운 인생,

**어차피
한 번뿐이니까!**

# 1

## 재생만 있고 되감기는 없다고!

인생의 봄은 오직 한 번밖에 꽃을 피우지 않는다.

_ 셸리

예전에는 어른들에게 나이를 물어보면 선뜻 말하지 못하는 것이 이해가 잘 되지 않았다. 하지만 어느새 나도 누가 나이를 물으면 몇 살인지 번뜩 생각이 나지 않아 한참을 생각하고 말한다. 나이가 들수록 새로운 사람을 만날 기회가 적다 보니 나이를 말하는 일이 별로 없어서 그런 것 같기도 하다. 그렇지만 가장 큰 이유는 나이보다 더 중요한 것이 많아지기 때문이라고 생각한다. 어릴 때만 해도 선후배 관계가 있으니 한 살 한 살 중요했고, 중고등학교 입학 나이가 보통은 정해져 있기 때문에 나이를 잊을래야 잊을 수 없었다. 그렇지만 사회에 나오면서부터 나이보다 직급, 성과 등 더 중요한 것이 많아진다. 나이는 숫자에 불과한 시간이 온 것이다.

그럼에도 문득 내 나이를 인지하고 나이가 들어가는 것에 관해 생각할 때가 있다. 10대나 20대 때 많이 들었던 음악을 우연히 듣게 되면 어렸을 때의 기억이 떠오르면서 예전의 나와 지금의 내가 겹치는 순간이 그렇다. 그럴 때면 과거의 그 순간이 다시는 돌아오지 않는 시간이라는 걸 새삼 느끼게 되면서 나이 먹는다는 것이 조금은 서글프고 겁이 날 때가 있다. 왜 그런 마음이 드는지에 대한 어떤 정의를 내리지는 못하겠다. 그냥 그 순간 많은 생각이 머릿속을 스치며 지나간다. 젊었던 순간으로 다시는 되돌아가지 못한다는 아쉬움, 점점 나이가 드는 모습에 대한 두려움, 지금 소중한 것들이 세월의 흐름 속에서 사라지게 될 거라는 불안함. 이런 생각들이 뒤섞여 그런 것은 아닐까?

어떻게 살아도 시간은 흘러 나이를 먹게 되고, 인생의 기로에서 어떤 선택을 해도 후회가 남을 수 있다. 그럼에도 최선을 다해 살아가려고 노력해야 하는 이유는 다가오는 미래 앞에 후회와 미련을 조금이라도 덜 남기기 위해서가 아닐까 싶다. 그렇기 때문에 부모님에게 더 자주 안부를 묻고, 같이 살고 있는 반려동물에게 최선을 다해 사랑을 주려고 노력한다. 또한 하고 싶은 일이 있으면 고민은 짧게 실행은 빠르게 하려고 한다. 이게 바로 나만의 해결책인 것이다.

　우리의 인생은 영화처럼 절대 되감기를 할 수 없고 단지 재생만으로 흘러간다. 하지만 살아가다 보면 이 당연한 시간의 흐름을 잊고 살 때가 많다. 그렇기 때문에 과거의 삶에 무엇인가를 떨어뜨리고 지나가는 것이다. 그걸 다시 되돌아가서 주을 수 있었다면 나이를 먹는다는 것이 이렇게 서글픈 일은 아닐 수도 있었을 것이다. 19세기 미국 문학의 거장 마크 트웨인이 이런 명언을 했다고 한다. "20년 후 당신은 했던 일보다 하지 않은 일로 더 실망할 것이다."

라고 말이다. 나의 20년 후를 이런 식으로 실망하고 싶지 않다. 그렇기에 오늘도 더 이상 서글픈 일을 만들지 않고 다양하고 재미있는 삶을 위하여 나만의 도전을 이어가고 있다.

## 2

### 어차피 한 번뿐인 인생이잖아

여러분이 할수 있는 가장 큰 모험은 바로
여러분이 꿈꿔오던 삶을 사는 것입니다.

_ 오프라 윈프리

사람이 죽으면 어떻게 될까? 영혼이 존재한다고 믿는 사람들도 있을 것이고 환생한다고 생각하는 사람들도 있을 것이다. 나는 영혼과 환생을 믿고 싶지만 그게 있든 없든 그것이 지금 내 인생의 연장선은 아니라고 생각한다. 죽으면 그것으로 나의 존재는 없어진다. 그리고 지금 이 순간에도 우리는 누구나 죽음으로 향하고 있다. 이런 생각이 들 때면 어차피 한 번뿐인 인생 하고 싶은 거 다하면서 살고 싶다는 생각을 다시 또 꺼낸다.

최근에 한 영상이 도전에 불씨를 더욱 지폈다. 그 주인 공은 미국에 사는 열일곱 살 고등학생 해리슨이다. 지극히 평범한 어느 날 오후, 카메라를 켜고 자신의 이야기를 담 담하게 들려주는 것부터 시작된다. 완치된 줄만 알았던 횡 문근육종이라는 암이 재발되어 말기암 판정을 받았다는 이야기를 했다. 그에게는 이제 시간이 얼마 없었다. 그때 그가 선택한 건 침대에 누워서 죽음을 기다리는 것이 아닌 8가지 버킷리스트를 하는 것이었다. 콘서트장에서 미친 듯 놀아보기, 미식축구 경기 직관하기, 하늘에서 뉴욕 내 려다보기 등과 같은 사소한 일이었지만 그에게는 하나하 나가 소중했다. '워터파크에 가기'를 끝으로 8개월 간의 버 킷리스트는 완성이 되었고 그는 쓰러져 응급실로 향했다. 자신의 병에 끌려다니지 않고 용감하게 자신의 인생을 선 택한 그를 보며 많은 이들에게 어떤 삶을 살 것인지에 대 한 깊은 울림을 주었다. 그리고 그의 그런 모습이 마지막 까지 삶을 멋지고 가치 있게 만들어 주었다.

지금 이 순간에도 흐르는 초침 바늘은 다시 되돌릴 수

없다. 그걸 매 순간 기억하며 살아야지만 시간의 소중함도 잊지 않을 수 있다. 인생은 어차피 한 번뿐이라는 걸 잊지 않고 살아가면 내가 지금 뭘 해야 하는지에 대한 답을 정확하게 찾을 수 있을 것이다.

## 3

## 도전도 다 때가 있는 법이지

성공을 위한 모든 노력 중에서 가장 중요한 요소는 타이밍이다.

_ 피터 드러커

20대를 생각하면 후회되는 일들이 제법 있다. 그 중에서도 가장 후회하는 일을 생각하면 박카스로 유명한 동아제약에서 하는 국토대장정이다. 꼭 참여하고 싶은 행사였지만 대학교 졸업 때까지 한 번도 지원을 하지 못했다. 이유는 미리 준비하고 있지 않아 항상 지원 시기를 놓쳤기 때문이다. 그것이 아쉬워 다른 단체에서 하는 국토대장정을 한 적이 있었지만 아직도 그 행사에 참여하지 못한 것에 대한 아쉬움이 많이 남아 있다. 하지만 이 도전은 이제 영영 하지 못한다. 나이는 상관없지만 꼭 대학생이이야 한다는 것이 대회의 자격요건이기 때문이다. 모든 것이 마음을 먹으면 언제나 할 수 있을 것 같지만 이렇듯 시기가 있는 것도 있다.

특히 공부라는 것은 예전 어른들의 말씀처럼 다 때가 있는 법이다. 예전에는 이 '때'라는 것이 단순히 젊은 나이를 말하는 건 줄 알았는데 시간이 지나면서 이것이 타이밍이라는 것을 깨달았다. 10~20대 때 공부를 해야 인생이 성공할 거 같지만 진정한 공부는 자신이 간절히 무언가를 바랄 때 이루어진다. 나는 학창 시절 그리 공부를 잘하는 학생이 아니었다. '배우'를 하고 싶다는 것 외에 따로 하고 싶은 것이 없었고 왜 공부를 해야 하는지에 대한 타당성을 찾지 못했기 때문이다. 그러다 30대가 되면서 공부하는 시간이 월등히 많아졌다. 운동을 잘 가르치고 싶다거나 원하는 일을 하기 위해서는 공부는 필수적으로 필요했다. 누군가 시켜서가 아닌 내가 좋아서 하는 공부였다. 내 인생의 공부 타이밍은 이 '때'였던 것이다.

도전 역시 '때'가 있을 때도 있다. 앞에서 말한 국토대장 정처럼 말이다. 생각해 보면 어쩔 수 없이 20~30대에 이런 '때'가 가장 많이 찾아온다. 하지만 언제까지나 건강하고 젊을 거라는 막연한 믿음 때문에 다음으로 미뤄버려 이 '때'를 놓치는 시기도 바로 이때가 가장 많지 않을까 싶다. '아직 젊다.'라는 생각이 자신을 나태하게 만들어 버리기 때문이다. 20~30대는 돈이나 시간 모두 많을 때는 거의 없다. 그렇기에 '시간이 없어서 안 된다.'라든가 '돈이 없어 안 된다.'라는 말은 너무 좋은 핑곗거리가 되고, 결국 그 '때'는 다시 돌아오지 못하고 영영 떠나버린다. 혹시 내가 어떤 일에 있어 핑곗거리만 찾다가 끝내 하지 못하는 사람이 아닌가 한 번쯤 생각해 봤으면 좋겠다. 시간은 영원하지도 기다려주지 않기 때문에 그 '때'를 빨리 찾아야 한다.

**지금 하지 않으면 못하는 도전이 있다면?**

_____

**그 도전을 지금까지 하지 못한 이유는?**

_____

# 4

## 언제까지 늦었다고 생각할래?

아무리 나이를 먹었다 해도 배울 수 있을 만큼은 충분히 젊다.

_ 아이스큐로스

개그맨 박명수 님은 "늦었다고 생각할 때가 진짜 너무 늦었다."라는 명언을 남겼다. 이 말만 듣고 '어차피 늦었으니 더 이상 가망이 없다. 다 포기하며 살아야지.'라고 받아들이는 사람들이 많이 있었다. 하지만 그가 그 뒤에 한 말에 대해서는 모르는 사람이 많을 것이다. 이런 말을 뒤에 덧붙였다. "그러니 지금 당장 시작해라."였다.

최근 마라톤 대회를 나가게 되었는데 그때 이런 깨달음

을 얻게 되었다. 그건 바로 나이 탓을 하며 핑계 대는 습관을 고쳐야 한다는 것이었다. 사실 지금 마라톤을 해보겠다는 결심한 이유는 나이가 들면 더 못 뛸 거 같다는 생각이 들었기 때문이기도 했다. 하지만 이런 생각은 대회장에 도착하니 다 깨져버렸다. 20, 30대가 많을 거라는 예상과 달리 40대 이상 분들이 상당히 많았기 때문이다. 특히 장거리일수록 마라톤 하는 연령대가 더 높았다. 이날 대회를 마치고 1위에서 5위까지 시상도 하였는데 여자든 남자든 40대 이상의 분들이 대부분 수상을 하였다. 심지어 60대 이상 분들도 있었다. 이걸 보고는 역시 나이 때문에 도전을 하지 못한다는 건 다 핑계라는 걸 절실히 느낄 수 있었다.

또한 얼마 전 출전한 피트니스 대회에서도 비슷한 깨달음을 주었다. 이 대회를 나가기 위해서는 타이트한 식단과 운동을 해야 되기 때문에 20, 30대도 힘들어서 하다가 그만두는 사람이 많다. 그런 대회에 60대가 넘는 분을 본 것이다. 그분의 몸이 잘 만들어지고 만들어지지 않고는 중요하지 않았다. 쉽지 않은 도전을 선택해 포기하지 않고 준비하여 대회에 나온 열정이 너무 대단했고 존경스러웠다. 무대에 오르기 전 그분이 어린 친구들에게 이런 말을 했다. "1등이 중요하지 않다. 이런 대회에 나왔다는 게 중요하다."라고 말이다. 이 말을 들으니 나이 먹는다는 것에 대한 두려움도 조금 사라지면서 나도 저렇게 멋있게 나이 들고 싶다는 생각이 들었다.

마라톤과 피트니스 대회뿐만이 아니다. 나이 때문에 어떤 일에 제약이 있을 거라고 생각하지만 생각보다 그렇지 않은 일이 훨씬 더 많다. 창업은 어리면 어릴수록 더 좋다고 하지만 세계적으로 유명한 프랜차이즈 KFC 창업자 할랜드 샌더스(Harland David Sanders)는 65세에 창업하였다. 또한 2024년 대학수학능력시험을 친 사람 중 가장 나이가 많았던 분은 84세 할머니였다.

도전을 하다 보면 가끔 내가 왜 이렇게까지 사서 고생을 할까 하는 생각이 들 때가 있다. 그러고는 가장 좋은 변명

거리인 나이 탓을 하며 조금은 쉬엄쉬엄해도 되지 않을까 하며 자신과 타협해 보려고 한다. 누군가가 그랬다. '나이는 숫자에 불과하다.'라고 해야 할지 '역시 나이는 나이다.'라고 할지는 스스로에게 달려 있다고 말이다. 나는 '나이는 숫자에 불과하다.'라는 걸 증명하고 싶다. 그렇기에 늦어서 포기한다는 마음보다 지금도 늦지 않았다는 마음으로 살아갈 것이다.

# 5

## 나를 강하게 만든 건 결국 도전

남을 굴복시키는 사람은 강한 사람이다.
그러나 자기를 이기는 사람은 그 이상으로 강한 사람이다.

_ 노자

우리가 가장 많이 도전하는 것은 어떤 것이 있을까? 아마 많은 사람들이 새해 계획에서 항상 빠지지 않고 넣는 것이 다이어트가 아닐까 싶다. 우리 센터 역시 새해에 사람들이 제일 많이 운동을 등록하러 온다. 또한 PT를 받는 대부분의 회원님들이 다이어트라는 목적을 가지고 운동을 한다. 트레이너인 나는 그 목적을 성공으로 이끌어야 하기 때문에 나에게도 중요한 것이 바로 이 다이어트다. 하지만 비단 회원들의 다이어트만 중요한 것은 아니다. 운동을 가르치는 헬스 트레이너의 몸이 안 좋으면 헬스에 대한 인식이 부정적으로 변할 수 있기 때문에 나 역시 매일 다이어트에 촉각을 세우며 식단과 운동을 관리하고 있다.

언뜻 생각하면 직업이 직업인지라 다이어트를 쉽게 할 수 있다고 생각할 수도 있지만 나 또한 힘들긴 마찬가지여서 다이어트는 항상 나에겐 큰 도전이다. 예전부터 먹는 걸 좋아해 사람들이 말릴 정도로 정말 많이 먹었지만 다이어트를 위해서 참아야 하는 것이 고통스럽다. 다이어트는 80% 이상이 식단관리인데 이걸 참자니 어떨 땐 '내가 무슨 부귀영화를 누리려고 먹고 싶은 걸 참아야 하는 걸까?'라고 생각한 적이 수십 번이다. 운동도 별반 다르지 않다. 원래 취미로 하던 것이 일로 바뀌게 되면 하기 싫어진다는 말이 있지 않은가. 지금도 매일 센터 오픈 시간보다 더 일찍 나와서 운동을 하고 있지만 나오기 싫어 괜히 핸드폰 한 번 더 만지며 어물쩍거리다가 집을 나서는 일도 많다. 이렇게 본능을 이기고 나올 수 있는 힘이 무얼까 생각해 보면 책임감 때문인 것 같다. 이 직업을 하면서 느낀 점은 헬스 트레이너라는 직업이 회원의 몸을 바꾸는 것이기도 하지만 때로는 그들의 가치관이나 마음의 건강 등 인생 전반에 영향을 끼칠 수 있다는 것이었다.

한 예로 이런 경우가 있었다. A회원님은 살이 너무 많이 찌는 바람에 어느 순간 사람들을 만나기 싫었다고 했다. 그래서 거의 집에만 있었는데 혼자 지내다 보니 우울증이 더 심해졌고 거기에 대한 스트레스를 다시 음식으로 풀면서 악순환은 계속되었다. 어느 순간 이렇게 살다가는 집에서 영영 못 벗어날 거 같아 더 이상 이렇게 살면 안 되겠다는 생각이 들어 센터로 오게 된 것이다. 나도 이런 경험이 있었기 때문에 빨리 회원님을 변화시켜주고 싶었다. 그래서 정말 열심히 가르쳐줬고 회원님의 노력과 합쳐져 다이어트에 성공하게 되었다. 회원님이 독해서 다이어트에 성공했다고 생각할 수 있지만 전혀 그렇지 않았다. 센터에 오는 것도 힘들어했고 체력도 약해서 운동을 많이 하지도 못했다. 또한 매번 운동이 너무 싫다며 노래를 불렀다. 그럼에도 일주일에 3번 이상은 운동을 나오려고 했다. 운동이 자신을 괴롭히는 행동이었지만 그것을 통해야만 다이어트를 할 수 있었기 때문에 정면 돌파를 한 것이다. 다이어트 성공 후 회원님이 이런 말을 했다. "운동이 지금도 역시 싫지만 운동을 통해 자신감을 가지게 되었고, 건강하고 긍정적인 생각을 더 많이 하게 되었어요. 그래서 운동은 꼭 필요한 거 같아요. 앞으로도 꾸준히 할 거예요."라고 말이다.

이런 회원들이 있기 때문에 헬스 트레이너는 알량한 생각으로 대충 일을 할 수 있는 직업이 아니라고 생각한다. 직업의 무게를 알기에 나는 내 직업에 부끄럽지 않기 위해 계속 공부를 하고 있고 피곤해도 운동은 꼭 하는 것이다.

헬스 트레이너로서의 나의 목표는 회원님이 평생 운동을 할 수 있도록 해주는 것이다. 그래서 어떻게 하면 운동을 꾸준히 할 수 있을지에 대한 고민을 끊임없이 한다. 운동이 너무 힘들다 보면 운동에 대한 인식이 안 좋아질 수 있기 때문에 강도도 계속 바꿔보고, 그동안 나와 과거 회원님들의 경험을 말해주며 운동의 재미를 느낄 수 있는 포인트를 설명해주기도 한다. 또한 운동에 대한 자신감을 불어넣어줄 수 있도록 칭찬도 많이 해주는 편이다.

어쩌면 이 직업이 남을 도와주기도 하지만 '내 인생을 조금 더 올바른 길로 갈 수 있도록 해주는 안내자 역할을 하는 것이 아닐까?'라고 생각한다. 살면서 나는 인생의 멘토를 만난 적이 한 번도 없었다. 그래서 항상 그런 갈증과 갈망이 있었다. 내 주위에 멘토로 삼을 만한 나보다 더 훌륭한 사람을 만나 삶을 어떻게 살아가면 되는지에 대한 가이드를 해줬으면 하는 마음 말이다. 그러면 왠지 삶이 조금 더 쉬워질 거 같았고, 그로 인해 마음의 안정감이 생기지 않을까 하는 기대가 있었다. 하지만 아직까지도 만나지 못해 멘토가 없는 아쉬움을 누구보다 더 잘 알고 있다. 그 아쉬움 때문에 누군가에게는 그걸 채워줄 수 있는 사람이 되고 싶다는 생각을 한다. 그 사람들이 지금은 매일 얼굴을 마주할 수밖에 없는 직원과 회원님들이다. 그들에게 인생 전체의 멘토가 되기에는 부족하지만 운동에 있어서만큼은 좋은 본보기가 될 수도 있지 않을까 생각해 본다. 더 나아가 어떤 것이든 꾸준히 하고 있는 나의 모습과 매번 도전하는 모습을 보며 '나도 저렇게 살아야지.' 하는 자극을 줄 수 있는 사람이 되고 싶다. 그리고 그런 어른이 되기 위해 노력하고 있는데 그게 내 삶의 안내자가 되어준다고 생각하는 것이다.

오늘도 역시 운동을 했다. 오늘은 특히나 더 하기 싫어 센터에 앉아 운동하지 않아도 되는 이유에 대해 백번을 생각했다. 한참을 생각하니 꽤 많은 이유들이 머리에 스쳐갔다. 그러다가 결국 마지막에는 운동하고 있다. 매일 운동한다는 것이 괴로운 일이지만 목표를 위해 괴로움 또한 즐기고 있다.

## 6

## 존재의 가치를 찾을 수 있는 방법

인생은 의미를 찾는 것이 아니라, 의미를 주는 것이다.

_ 베르트랑 러셀

고등학교 때 봉사동아리에 가입하여 주말마다 노인들이 있는 복지원에서 봉사활동을 했었다. 대학교를 다닐 때도 저소득 학생들을 대상으로 초등학교 방과 후 활동을 함께 해주는 봉사를 했다. 이렇게 어릴 때부터 봉사활동을 꾸준히 하다 보니 자연스레 해외 봉사에 대한 꿈이 생기게 되었다. 그래서 간혹 이 꿈이 생각나면 해외 봉사를 할 수 있는 곳이 있는지 알아봤다.

몸도 마음도 피폐하던 시기, 때마침 '코이카'에서 해외 봉사단원을 모집하는 글을 우연히 발견하게 되었다. 이 글을 보자마자 고민도 하지 않고 무작정 지원했다. 20대 초반이라 합격을 하면 부모님의 동의서가 필요했지만 꽤 높은 경쟁률에 '설마 되겠어?' 하는 마음에 부모님께 말도 하지 않고 지원했다. 그런데 웬걸 1차에 덜컥 붙었다. 서류도 붙기 힘들다고 했던 곳인데 1차에 합격하니 욕심이 생겼다. 기억으로는 3차까지 있었던 거 같은데 정말 운이 좋게도 무난하게 최종 합격하게 되었다. 합격을 하고 부모님께 말씀드리니 절대 안 된다며 반대했다. 그도 그럴 것이 그 당시 인도네시아는 테러가 많이 일어나는 곳이었는데 거기에서 무려 2년을 살아야 했기 때문이다. 아마 순순히 허락해 줄 부모는 없었을 것이다. 하지만 부모님은 내가 한번 한다고 생각하면 어떻게든 한다는 걸 알았기 때문에 동의서를 들이밀었을 때 아빠는 마지못해 사인을 해주었다. 그렇게 막연하게 꿈꾸었던 일이 현실이 된 것이다.

지금까지도 조금씩이지만 정기적으로 기부금을 내고 있

고, 일 년에 한 번 연탄봉사를 하는 등 소소한 봉사활동을 하고 있다. 이렇게 하는 이유를 생각해 보면 남들처럼 어떤 대단한 포부가 있거나 희생정신이 있어서 하는 건 아니다. 태어났으면 사회에 어느 정도 이바지를 해야 된다는 생각이 어느 순간 조금씩 자리 잡기 시작했기 때문이다. 나의 존재가치를 봉사라는 행위로 증명하려고 하는 것이다. 이런 식으로 나는 나의 방법으로 존재의 가치를 끊임없이 확인하려 하고 있는 것 같다. 정신건강의학과 전문의 오은영 박사님은 "존재의 이유를 안다는 것은 나를 지탱해 주는 힘이 된다."라는 말을 한 적이 있다. 바로 이런 이유 때문에 나도 모르게 이런 행위를 하고 있었던 것일 수 있겠다는 생각을 하게 되었다. 내가 꿋꿋해야 나다운 인생을 살 수 있는 힘이 생기기 때문이다.

✦ 나다움을 위한 한 걸음

**나의 존재가치는 무엇이라고 생각하는가?**

_____

## 나를 더 잘 알게 될 거야

도전은 당신이 전혀 알지 못했던 자신에 대한 것들을

발견하게 한다.

_ 시슬리 타이슨

도전은 젊은 사람들이나 할 수 있는 거라는 인식이 아직까지도 많이 있어 어느 정도 나이가 되면 도전을 포기하고 사는 사람들이 많다. 그렇지만 내 생각에는 나이가 들수록 도전하는 것이 더 유리하기 때문에 꼭 해야 한다고 생각한다. 왜냐하면 성공의 확률이 높아지기 때문이다. 10대 때는 10개 중의 1개도 겨우 성공했지만 20대는 3~5개, 30대는 6~8개 이런 식으로 말이다. 단순히 쉬운 도전들만 했기 때문에 그렇다고 생각할 수도 있겠지만 나는 이 이유를 시간이 갈수록 나에 대해 더 잘 알기 때문이라고 생각한다. 나를 가장 잘 아는 것이 자신이라고 하지만 생각보다 많은 사람들이 자신에 대해 잘 모르고 있다. 남의 시선으로 인해 자신의 모습을 감추고 살기도 하고, 내면을 들여다볼 시간을 주지 않기도 한다. 그래서 어떨 땐 나조차도 내가 왜 이런 행동을 했는지 이해하지 못할 때도 있었다. 하지만 시간이 갈수록 이런 의문들이 사라지는 것을 느낄 것이다. 살아가면서 많은 일을 겪으며 자신도 자신을 알아가는 시간을 겪었기 때문이다.

20대까지도 나는 내가 꽤 활발하고 외향적인 성향이라고 생각했다. 그러나 사람들과 잘 어울리면서도 같이 있는 게 뭔가 불편했다. 사람들은 내게 이런 불편한 마음이 있는지 눈치를 못 챘겠지만 그냥 내 마음이 그랬다. 그땐 단순히 아직 많이 친하지 않기 때문에 조금 불편하다고 생각했는데 살아가면서 외향적인 성향보다 내향적인 성향이 조금 더 강하다는 걸 알게 되었다. 실제로 성격유형검사 MBTI 테스트를 해보면 E 성향보다 I 성향이 항상 조금 더 우세하게 나왔다. 예전에는 단순히 사람들이 나의 모습을 보고 외향적인 사람이라고 이야기했기 때문에 그냥 그런 줄 알았던 것이다.

나를 잘 아는 것은 도전에 있어서 이런 점이 좋다. 그에 맞는 도전리스트를 만들면서 성공으로 가는 확률을 더 높일 수 있다는 것이다. 예전 나의 도전리스트를 보면 누구와 함께 어떤 걸 하는 도전이 많았다면 지금은 누구와 가는 것은 사라졌다. 어떤 일로 지인에게 연락하는 게 쉽지 않다는 걸 깨닫고, 그것이 도전을 방해하는 요소라는 걸 알았기 때문이다.

그러니 도전리스트를 작성했다면 정말 이 도전이 나와 맞는지 파악하는 것이 좋다. 아마 나이가 들었을수록 자신도 모르는 사이 자신에게 맞는 일만 골라서 썼기 때문에 지울 리스트가 거의 없을 수 있다. 물론 나이가 들었다고 자신에 대해 더 잘 아는 것은 아니다. 자기와의 시간을 얼마나 많이 가지면서 내면을 바라보는지와 많은 경험을 통해 자신을 더 잘 알아갈 수 있다고 생각한다. 그렇기 때문에 더 많이 도전하고 경험하길 바란다.

✦ 나다움을 위한 한 걸음

**나는 어떤 사람인가?**

_____

## 8

# 또 다른 삶을 이어주는 매개체

우리의 인생은 스스로 마침표를 찍지 않는 한
끊임없이 이어진다.

_ 송진호

몇 년 전 어느 모임에서 만난 사람이었다. 몇 번밖에 만
나지 않았기 때문에 그분에 대해 속속들이 알지는 못한다.
내가 아는 건 자영업을 하는 평범한 사람이었다는 것이다.
그런데 그분이 아직까지 기억에 남아 있다. 그 이유는 그
분이 했던 이야기 때문이었다.

자기는 강의를 너무 해보고 싶다는 생각을 어렸을 때부
터 했다고 한다. 하지만 직업이 강의와는 다소 거리가 있

기에 '어떻게 강의를 할 수 있을까?' 생각하다가 직접 자신이 기획하여 강의를 오픈했다고 했다. 어떤 내용으로 한지는 정확하게 기억하지 못하지만 블로그를 통해 사람을 모았다고 했다. 그 이야기를 듣던 다른 사람이 몇 명이 강의를 들으러 왔는지 물으니 4명 정도 왔다고 대답했다. 자리에 있던 사람들이 웃었는데 그분은 개의치 않고 말했다. "몇 명이 모이는지는 중요하지 않았다. 단지 하고 싶은 것을 했다는 게 중요하다. 나는 이 강의를 통해 뭐든지 잘할 수 있을 거라는 확신을 가지게 되었다."라고 말이다. 실제로 이분은 이 경험에서 얻은 자기 확신으로 사업까지 하게 되었다. '만약 나였으면 그런 무모한 도전을 했을까?'라고 생각해 봤다. 누구라도 그렇게 하기 쉽지 않을 거다. 하지만 그 사람은 결국 자신이 원하는 걸 해냈다.

강의를 들은 사람의 수를 성공과 실패의 잣대로 판단한다면 그 강의는 실패한 것일 수도 있지만 단지 그것만으로 판단할 수 없다. 사람들 눈에는 무모하고 아무것도 아닌 일일 수도 있다. 그러나 그 사람에게는 너무나 소중한 경험이었고, 그것을 통해 더 많은 것을 해낼 수 있다는 확신으로 이어지면서 다른 일을 하게 되었으니 아무것도 아닌 일이 아닌 것이다.

세상을 살아가다 보면 모두 다 의미 있는 일만 하는 것은 아니다. 그렇다고 그 의미 없는 일이 아무것도 아닌 것은 아니다. 그 일이 다른 일로 이어지는 발판이 될 수도 있고, 어떤 깨달음을 줄 수도 있다. 가수 엄정화 님은 자신이 한 번도 해보지 못한 예능 프로그램 MC를 제안받았다고 한다. 그때까지 한 번도 MC를 한 적이 없었고, 가수나 배우로서 커리어를 쌓을 수 있는 것도 아니었기 때문에 고민을 했지만 결국 MC를 했다. 그런데 우연히 그 프로그램을 본 노희경 작가가 그녀를 드라마에 캐스팅했다고 한다. 그 드라마가 바로 〈우리들의 블루스〉였다. 그녀는 노희경 작가 작품의 배우를 하고 싶다고 예전부터 꿈꾸었는데 배우와는 전혀 관련이 없어 보이는 MC를 하게 되면서 그 꿈을 이루게 된 것이다. 이런 것을 보면 인생은 각각의 점 같아 보이지만 멀리서 보면 점이 줄로 보이듯 결국 다 이어지는 것 같다. 지금 인생에서 필요하지도 않을 거 같은 일을 하고 있다고 생각하는가? 하지만 어쩌면 그 일이 언젠가는 자신의 인생에 어떤 결정적인 영향을 미칠 수 있다는 걸 기억하고 이 시간을 소중히 보내길 바란다.

**9**

## 강렬한 레드가 되고 싶어!

색은 영혼에 직접적인 영향을 줄 수 있는 위력을 지니고 있다.
—바실리 칸딘스키

    스무 살, 처음 화장을 할 때 가장 포인트를 준 건 입술이었는데 나름 이유가 있었다. 나는 이목구비가 뚜렷한 편이어서 그런지 화장을 해도 티가 나지 않아 어떻게 하면 티를 낼 수 있는지 고민했다. 화장하는 게 서툴러서 그런 것 같기도 하지만 아무튼 별 차이가 없다고 느꼈기 때문에 화장을 하면 바로 티가 나는 입술에 포인트를 주었던 것이다. 특히 강렬한 빨간색으로 입술을 바르면 더 화장한 느낌이 나서 그걸 발랐다.

사실 빨간색을 바른 또 다른 이유도 있었다. 착해 보인다는 인상 때문이었다. 이런 인상이 살아가면서 도움을 줄 때도 많이 있었지만 어릴 때는 썩 좋지만은 않았다. 길거리를 지나다니면 하루에 1~2번은 꼭 우리가 흔히 말하는 '도를 아십니까?' 사람들에게 걸렸고, 거절하지 못하는 성격 때문에 적어도 5분은 서서 이야기를 들어야 했기 때문이다. 또 지금은 많이 사라지긴 했지만 어떤 매장에 들어가면 나를 흔히 말하는 '호구'로 보고 판매금액보다 더 많은 금액을 부르기도 했었다. 그랬기 때문에 항상 쎄 보이고 싶다는 욕망이 있었다. 빨간색 립스틱은 나를 그런 사람으로 만들어 줄 것 같았다. 그래서 화장을 하지 않더라도 빨간색 립스틱은 꼭 바르고 나갔다. 아마 그때부터 빨간색을 좋아했던 거 같다. 그래서 가방이며 옷이며 전부 빨간색만 샀고, 심지어 차도 빨간색으로 산 적도 있다.

이렇게 오랜 시간 빨간색과 함께하다 보니 자연스럽게 나도 '이 색과 같은 삶을 살면 어떨까?'라는 생각을 하게 되었다. 화장의 포인트가 되는 빨간색 립스틱처럼 보통의 나를 더 특별하게 만들어 줄 수 있을 것 같았기 때문이다.

앞서 말한 바와 같이 어릴 적의 나는 낯가림이 심해 처음 만나는 사람들과 잘 어울리지 못하는 소심하고 조용한 아이였다. 그렇지만 마음 한편에는 누구라도 나를 특별하게 봐줬으면 하는 기대감이 늘 있었다. 단지 방법을 몰라 알아줄 때까지 하염없이 기다리기만 했을 뿐이다. 하지만 어느 순간 그 방법이 '도전'일 수도 있겠다는 생각을 하게 되었다. 그리고 도전을 통해 나는 빨간색으로 물들여지고 있다고 생각한다.

사람들에게 강렬한 인상을 주며 어디에 있어도 포인트가 되는 색. 열정이나 도전을 표현할 때 사용되는 색처럼 언젠가는 나도 강렬한 레드가 되었으면 좋겠다.

## 도전을 위한 워밍업

도전을 할 때 우리가 꼭 준비해야 될 것이 있다. 그것은 바로 건강한 체력과 마음이다. 특히 장기적인 도전을 할 때는 반드시 필요하다. 여기에서 말하는 체력이란 단순히 몸의 힘만이 아니다. 어떠한 일을 할 때 지치지 않고 지속적으로 할 수 있는 힘을 말한다. 그러기 위해서는 잘 먹고, 잘 자는 것이 중요하다. 나는 잠을 일정 시간 이상 자지 못하면 머리가 제대로 돌지 못한다는 느낌을 받는다. 이것은 실제로 육체적으로 힘든 상태가 되면 무기력증과 기억력 문제가 생긴다고 한다. 그래서 다른 건 다 포기를 해도 잠만큼은 하루에 7시간 이상 자려고 노력한다. 그리고 체력을 위해서라도 운동을 꾸준히 하려고 하는 편이다. 확실히 꾸준히 운동을 하면 일을 할 때 집중도도 올라가고 피곤함이 덜한 느낌을 받기 때문이다. 회원님들에게 운동을 하고 나서 가장 좋아진 점에 대해 물으면 거의 대부분 첫 번째로 대답하는 것이

피곤한 게 많이 없어지고 에너지가 생겼다는 것이다. 심지어 어떤 회원님은 운동을 하고 나서 오랜만에 친구들과 술자리를 가졌는데 전보다 술을 더 마셔도 취하지 않아 곤혹스러웠다고 했다. 이처럼 체력을 키우기 위해서 나에게 무엇이 필요한지 생각해 보고 실천해야 한다.

체력과 비슷한 맥락으로 마음도 잘 다스려야 하는데 이것을 요즘에는 '멘탈관리'라고 말한다. 삶을 살아가는 데 있어 얼마나 중요하면 요즘 이것과 관련된 책들이 무수히 많이 집필되고 있을까? 일을 할 때 어떨 때는 능력보다 더 중요한 것이 바로 이 '멘탈관리'이다. 체력은 '지속적으로 할 수 있는 육체'를 만들어 준다면 '멘탈관리'는 '지속적으로 할 수 있는 마음'을 만들어 준다. 특히 도전을 할 때 '멘탈관리'는 정말 중요한 요소가 된다. 도전을 하다 보면 내 마음 같지 않게 자꾸 어긋나거나 예상치 못한 상황이 발생할 수 있다. 그것에 대한 스트레스나 감정의 동요가 일어날 때 얼마나 빨리 그것을 잘 극복하느냐에 따라 도전을 지속할 수 있을지 없을지가 결정될 수도 있다. 그렇기 때문에 우린 평소에 자신의 마음을 어떻게 하면 다스릴 수 있는지에 대한 방법을 찾는 것이 필요하다. 예를 들면 성공한 사람들이 많이 하고 있다는 '명상하기'가 될 수도 있고, '편한 사람과 이야기하기'가 될 수 있다. 어떤 것이라도 괜찮으니 건강한 체력과 마음을 위한 방법을 찾아보자.

✦ 나다움을 위한 한 걸음

**체력을 위해서 내가 반드시 해야 하는 일은?**

_____

**감정의 동요가 오는 순간 자신을 다스릴 수 있는 방법은?**

_____

내 안의 열정을 불태웠던 도전의 나날

part **3.**

나다운 인생,
**도전은 필수지!**

## 1

## 소심한 또라이의 탄생 배경

> 대면한다고 해서 모든 것이 바뀔 수는 없지만,
> 맞서 대면하지 않으면 아무것도 바꿀 수 없다.
>
> _ 제임스 볼드윈

시간은 물질처럼 보이지 않기 때문에 얼마만큼의 가치가 있는지 모르고 살아가는 경우도 많이 있다. 그렇기에 '시간을 때운다'는 말이 생겨났을지도 모른다. 하지만 나이가 들어갈수록 시간이 얼마나 소중하고 가치 있는 것인지 깨닫게 되는데 그때야 비로소 인생은 시작된다고 생각한다. 그러니 얼마나 빨리 그것을 아느냐가 중요하다.

나는 30대에 비로소 그 가치를 알게 되었다. 앞서 말했듯 '배우'의 꿈을 이루기 위해 20년의 시간을 돌아온 아쉬움이 시간의 가치를 깨닫게 해 준 중요한 일이 되었던 것이다. 그 시간을 어떻게 하면 잘 활용할 수 있을지 고민한 끝에 내린 답은 '도전'이었다. 그래서 그때부터 하고 싶은 일이 생기면 다이어리에 적어놓고는 하나씩 실행해 나갔다.

도전을 많이 하는 사람들을 보면 도전으로 인생이 완전히 달라졌다고 하는데 나는 그 정도까지는 아니다. 하지만 분명 달라진 것들이 있다. 그중에서도 가장 많이 변화되었다고 느끼는 건 자신감이다. 어릴 때부터 나는 상상력이 풍부했고 사람들과는 다른 관점으로 사물을 바라보는 일이 많았다. 하지만 그걸 꺼낼 용기까지는 나지 않아 어떤 아이디어가 떠오르더라도 입 밖으로 꺼내지 않고 삭혀만 두었다.

예전에는 '또라이'라는 말이 부정적인 것으로 사용되었지만 요즘은 특이하거나 특별한 사람을 부르는 긍정적인 언어로 사용되기도 한다. 하지만 또라이는 어디서든 눈에

띄기 때문에 웬만한 자신감으로 살지 못한다. 나는 또라이를 꿈꾸었지만 자신감이 없어 그렇게 되지 못했다. 그런데 도전을 통해 그 꿈이 실현되기 시작했다. 원하는 목표에 성공하면 할수록 자신감이 생기게 되었던 것이다. 자신감이 생기니 어떤 일을 함에 있어서 좀 더 능동적이게 되었고, 실패를 하더라도 다시 일어날 수 있는 힘이 생겼다. 도전은 나를 평범함에서 꺼내주었고 내일이 기다려지는 삶을 만들어 주었다. 그래서 앞으로도 소심한 또라이의 도전일기는 계속 쓰일 것이다.

## 2

## 평범한 삶을 특별하게 만들다

나는 삶에서 언제나 치열함을 추구하라고,

삶을 만끽하라고 배웠다.

**_ 니나 베르베로바**

　자기계발서를 읽는 것을 좋아했지만 읽을수록 괴리감
이 든 것도 사실이다. 그 책을 쓴 사람들을 보면 거의 대
부분 머리가 좋아 명문대를 졸업했거나 어떤 특별한 재능
을 가진 사람이 많았기 때문이다. 그러면서 하는 말이 자
신은 평범한 사람이라고 했다. 물론 열심히 노력했기 때문
에 좋은 것들을 가지게 되었을지도 모르지만 이것은 태어
날 때부터 가지고 온 것이라는 생각하여 나와는 거리가 있
다고 결론을 내렸다. 내가 생각하는 평범함과 그들의 평범

함과는 달랐던 것이다. 그래서 항상 자기계발서를 읽을 때
는 나같이 정말 평범한 사람이 없을까 하며 두근대는 마음
으로 제일 앞에 쓰인 약력을 읽었다. 그러다 명문대나 대
기업 출신이라는 걸 확인하는 순간 또 한 번 생각을 굳히
게 되었다. 그랬기에 자기계발서를 읽으면 동기 부여가 되
는 동시에 약간의 반감도 들었다.

그런데 살아가다 보니 내 생각이 틀렸다는 것을 알게 되
었다. 의도했던 건 아니지만 여러 번의 도전으로 어느 순
간 평범한 삶에서 특별한 삶이 나도 모르는 사이 만들어져
가고 있었기 때문이다. 지금까지 살아온 나의 인생을 누
군가에게 말하면 아직까지 한 명도 평범하게 살고 있다는
말을 들어본 적이 없다. 그 이유는 하고 싶은 것이 있다면
바로 도전했기 때문이라고 생각한다. 그렇게 인생을 더욱
즐겁고 가치 있게 만들기 위해 노력했다. 아직은 많이 부
족하지만 이것이 나를 조금은 특별하고 나답게 만들었다
고 생각한다. 아마 자기계발서를 쓴 모든 이도 나와 같은
출발선에서 시작했을 것이다. 그러나 자기계발서라는 책

을 쓰기로 도전을 했기 때문에 그들이 나에게 조금 더 특별함으로 다가왔을 것이다. 미국 해군 원수 윌리엄 프레데릭 홀시가 이런 명언을 남겼다. "이 세상에 위대한 사람은 없다. 단지 평범한 사람들이 일어나 맞서는 위대한 도전이 있을 뿐이다."라고 말이다.

내가 이 책을 쓰고 있는 이유도 이런 이유에서 시작되었을지도 모른다. 예전의 나처럼 특별한 사람만이 무엇인가를 이룰 수 있다고 생각하는 사람들에게 그 틀을 깨 주고 싶었다. 이 책으로 하여금 평범한 사람도 도전을 통해 비록 삐뚤지만 나만의 길을 개척하며 특별한 삶을 살아갈 수 있다는 희망을 보여주었으면 한다.

**3**

틀을 깨면 새로운 길이 열린다

도전은 인생을 흥미롭게 만들며,

도전의 극복이 인생을 의미 있게 한다.

_ 조슈아 J.마린

나는 완벽하게 계획형 인간이다. 요즘 많이들 하고 있는 성격유형검사 MBTI로 따진다면 계획형인 'J'이다. 여행을 할 때 어디에 갈 건지 뭘 먹을 건지 계획을 하는 건 'J'들에게는 특별한 일은 아니다. 나는 'J' 중의 'J'인지라 하루 일과도 그 전날 미리 생각하고 동선과 시간 계산까지 하는 편이었다. 하지만 이것은 그다지 좋지 못한 결과를 가지고 왔다. 한동안은 이런 성격이 극에 달해 자신을 괴롭히곤 했고, '계획한 것이 어떤 방해로 차질이 생기지 않을까?'라는 불안감을 항상 가지고 있었기 때문이다. 그래서 버스나 기차를 예매하면 출발시간 1~2시간 전에 미리 터미널이나 역에 가 있었던 적도 있다. 해결할 수 없는 예상치 못한 사건으로 계획이 틀어지게 되는 것보다는 그게 더 낫다고 생각했다.

타고난 천성은 변하지 않는다고 한다. 그럼에도 어느 순간부터는 계획형 인간이 되는 걸 조금씩 놓아주기 위해 노력했다. 앞서 말했듯 불안감을 가지는 것도 문제지만 더 큰 문제가 있었다. 계획한 것이 조금이라도 잘못되면 처음부터 다시 시작하는 완벽주의자 같은 사람이 되었기 때문이다. 심지어 어떨 땐 다 망쳤다는 생각에 그 일을 다 포기하기도 했었다.

예를 들면 이런 거다. 다이어트를 시작하기로 결심하고 계획을 잡았다. 언제 어떤 걸 먹을지 식단을 다 짰는데 만약 피치 못한 사정으로 다른 음식을 먹게 되면 계획이 틀어졌다는 생각에 그날 하루는 포기하고 막 먹게 되는 것이었다. 이 정도면 다행이지만 그다음 날이 되면 어제 먹었던 계획에도 없는 음식 때문에 다 망친 거 같아서 아예 포기해 버리곤 했다. 그래서 한동안 다이어트를 하게 되면 매 끼니 똑같은 음식만 먹었다. 이런 중간이 없는 극단적인 사람으로 점점 변해가는 모습 때문에 끝까지 하지 못하는 일이 점점 더 많아졌다. 또한 계획에서 벗어나지 않기 위해 예민해지고, 스트레스와 압박을 스스로에게 주면서 괴롭게 만들었다. 이것이 계획의 틀을 깨기로 한 이유였다.

제일 먼저 깨 보려고 했던 건 여행이었다. 평소에는 여행을 가면 두 달 전부터 어디 갈지 정하곤 했다. 여행책을 보는 걸 좋아했기 때문에 그걸 사서 매일 옆에다 두며 거의 외울 정도로 봤었고, 책의 내용이 혹시라도 틀렸을까 봐 인터넷으로 정보를 다시 찾아 더블체크해 가며 차근차근 일정을 짜나갔다. 여행 직전까지도 일정을 다시 보며 혹시 놓치는 것은 없는지 체크하여 만약이라도 변수가 생기지 않도록 노력했다.

그런 내가 계획을 하지 않고 여행 가는 건 엄청나게 큰 모험이었지만 일단 한번 도전해 보기로 결심했다. 비행기 티켓과 숙소만 미리 끊고 가급적 아무 계획도 하지 않았다. 처음에는 당연히 불안하고 어색했다. '도착하면 뭐부터 해야 하지?'라는 원초적인 질문부터 스스로에게 하며 '지금이라도 계획을 짜야 하는 거 아닌가?'라고 생각했다. 여행 직전까지 불안한 마음이 계속 들었지만 애써 무시하며 여행지에 도착했다. 어디서부터 어떻게 해야 되는지 잠깐 멍 때리다가 이내 정신을 차리고 가고 싶은 곳을 찾고 발걸음을 옮겼다. 그렇게 돌아다니다 보니 조금씩 두려웠던 마음이 사라졌다. 음식점을 가고 싶으면 인터넷으로 주변 맛집을 찾으면 됐고, 그마저도 안 되면 발길 닿는 식당을 들어가면 되었다. 한 번도 안 해봤던 일이라 걱정이 많았던 거지 막상 해보니 아무것도 아니었다. 계획하지 않았던 여행은 생각한 것보다 훨씬 괜찮았다. 오히려 자유로운 느낌마저 들고, 여행이 풍성해지며 더 재미있어지기 시작했다.

어떤 날은 숙소 근처 식당에 들어갔는데 메뉴판이 전부 현지어로만 되어 있었던 적도 있었다. 의사소통도 제대로 되지 않았기 때문에 사진만 보고 선택한 음식과 왠지 제일 위에 쓰인 음식이 대표 메뉴일 거 같아 제일 위에 적힌 음식을 시켰다. 결과적으로 하나는 맛있었는데 또 하나는 입맛에 맞지 않아 거의 남겼지만 이 또한 재미있는 추억이 되었다.

최근에 일본을 갔을 때도 이렇게 계획하지 않고 갔었는데 그때는 검색도 하지 않고 정말 발길 가는 대로 돌아다녔다. 그러다 보니 관광객들만 가는 곳이 아닌 현지인들만 있는 곳도 가게 되었다. 가다가 힘이 들면 근처 가게에서 샌드위치와 커피를 사서는 공원이나 길가에 앉아 먹었다. 그러면서 주변 사람들 구경도 했는데 그 재미도 나름 쏠쏠했다. 어떤 날은 하루 3만보를 걸으며 일본 구석구석을 돌아다녔는데 그때 걸으며 맡았던 공기의 냄새와 풍경이 아직도 기억에 많이 남아 있다. 그렇게 나는 즉흥의 매력에 매료되어 아직까지도 여행만큼은 따로 계획하지 않고 다니고 있다.

　모든 생활에서 계획을 하지 않고 어떤 일은 한다는 건 아직까지도 나에겐 너무 어려운 일이다. 하지만 여행 덕분에 즉흥의 매력을 충분히 알게 되어 예전보다 즉흥적으로 하는 일이 점점 많아지고 있다. 그래서 많은 사람들이 즉흥의 매력을 알았으면 좋겠다는 생각을 했다. 도전을 할 때는 장기적인 계획하에 움직이는 일도 많겠지만 가끔 즉흥적인 도전으로 루즈한 삶에 활기를 넣어보자. 생각보다 꽤 매력 있고 낭만적인 일이라는 걸 알게 될 테니 말이다.

✦ 나다움을 위한 한 걸음

**지금 즉흥적으로 하고 싶은 것이 있다면?**

_____

**그것을 하기 위해 필요한 것은?**

_____

**4**

## 도전 속에는 늘 깨달음이 있다

도전은 우리로 하여금 새로운 무게 중심을

찾게 하는 선물입니다.

_ **오프라 윈프리**

예전에 TV 프로그램 〈나 혼자 산다〉에서 도전에 대한 이야기를 했던 게 아직도 기억에 많이 남아 있다. 만화가 기안84 님이 1박 2일 동안 56km을 달려 자신이 원하는 목적지에 도착하는 에피소드였다. 몇 년 동안 같은 일을 반복하다 보니 어느 순간 일에 대한 목적을 상실한 느낌이 들어서 새로운 자극을 주기 위해 이 도전을 하게 되었다고 했다. 도전은 단순했다. 목적지를 정하고 달리는 것이었다. 그리고 마침내 성공했다.

인터뷰에서 그는 이번 도전을 통해 얻은 것이 많다고 했다. 가장 먼저 꺼냈던 말은 도전의 성공으로 뿌듯함과 함께 스스로가 너무 멋지고 자랑스러웠다고 했다. 살면서 자신을 칭찬하는 일에는 인색한 사람들이 많은데 이런 마음을 갖게 되었다는 것 하나만으로도 도전의 가치는 충분히 입증되었다고 생각한다. 뒤에 덧붙인 말도 인상적이었다. 일상에서는 목표 없이 살 때가 많이 있는데 어느 정도 목표를 설정하며 살아야 한다는 깨달음을 얻었다는 이야기였다. 그 이유는 스스로 세운 목표를 달성하며 보람을 얻고 성취감이 쌓이다 보면 어느 순간 자신도 모르게 자존감이 올라갈 수 있을 거 같아서였다.

나도 이런 소소한 도전을 해본 적이 있다. 그중에 기억에 남은 건 혼자 영화를 보는 것이었다. 그전까지 영화는 무조건 누구와 함께 봐야 한다고 생각했기 때문에 보고 싶은 영화가 있으면 지인에게 연락해 약속을 잡았다. 하지만 고작 그 이유로 누구와 볼지부터 고민해야 하고, 영화만 보고 헤어질 수 없으니 밥도 먹어야 한다는 게 번거로

왔다. 그래서 보고 싶은 영화들을 놓치고 지나가는 경우가 많았다. 그러다 어느 날은 혼자 영화 보기를 도전해 봤다. 그동안 영화를 보기 위해 거쳤던 과정이 생략되자 너무 편했다. 이 도전을 통해 혼자서 무언가를 한다는 두려움이 사라졌다. 잘할 수 있을 거라는 확신과 깨달음까지 얻게 되니 혼자서 하는 일들이 조금씩 많아졌다.

이런 자그마한 도전은 남들에게는 도전이라고 말하기도 애매한 경험이었을 수 있다. 하지만 그런 경험을 했기 때문에 나에게나 기안84 님에게 어떠한 깨달음을 주었다고 생각한다. 깨달음은 나를 더 성장시킬 수 있는 발판이 되고, 그 발판으로 나다운 삶은 시작된다.

## 5

## 두근두근 설레는 인생을 위해서!

만약 당신이 즐겁지 않다면,

지금 무언가를 잘못하고 있는 것이다.

_ 밥 바소

어떤 사건이 일어난 것도 아닌데 갑자기 우울한 기분이 드는 시기가 있다. 이런 기분이 들어도 사실 나조차 왜 그런지 이해하지 못해 어떻게 풀어야 할지 잘 몰랐는데 최근에서야 그 이유를 알게 되었다. 기분이 안 좋았던 시기를 생각하면 특별한 사건 없이 매일 하루가 반복되는 무료하고 단순한 삶을 살고 있었던 것이다. 그나마 그 시기가 길지 않았던 이유는 좋지 않은 기분을 벗어나려고 뭐라도 시도하려 노력했기 때문이었다. 우울의 시기 끝에는 항상 도전이 기다리고 있었던 것이다. 이 패턴을 알게 되면서 전보다 훨씬 더 빨리 우울의 구렁텅이 속에서 빠져나올 수 있게 되었다. 보통 이럴 때 나의 도전은 뭔가를 배우려는 시도를 하는 것이었는데 배움이야말로 도태되어 있다는 나약한 마음에 갇힌 나를 꺼내줄 수 있는 불씨가 되어 주었다.

　나는 평온한 삶도 좋지만 가슴 뛰는 무언가를 하며 삶을 재미있게 살고 싶다. 최근에 〈골든걸스〉라는 프로그램에서 가수 박진영 님이 경력 30년 이상의 여가수들을 데리고 걸그룹을 만드는 프로젝트를 진행하였다. 그는 가슴 뛰는 일을 하고 싶다며 회사도 끼지 않고 방송사에 가서 직접 기획한 아이템을 만들어 달라고 요청했다. 그래서 이 프로그램이 탄생된 것이다. 사실 이런 프로젝트보다 아이돌을 다시 키우는 것이 돈을 훨씬 더 벌 수 있음에도 불구하고 가슴 뛰고 설레는 일이 그에겐 더 가치 있다고 생각해 도전하는 것이라고 했다. 나도 이 생각에 적극 동의한다.

젊을 때는 오로지 나를 위해 살아갈 수 있지만 시간이 지날수록 자신에게 많은 역할이 주어진다. 이 역할 때문에 도전은 사치라고 생각할 수도 있다. 도전을 한다고 하면 왠지 자신의 역할에 소홀해지거나 내려놓아야 할 것 같고, 돈을 써야지 할 수 있는 것이라고 생각할 수 있기 때문이다. 그렇기 때문에 도전을 하고 싶지만 못 하는 경우도 있다. 하지만 일상을 살아가면서도 할 수 있는 자그마한 도전도 무수히 많이 있다. 방울토마토를 키운다거나 집에서 매일 홈트레이닝을 하겠다는 것처럼 말이다. 소소한 도전이지만 직접 키운 방울토마토를 먹는 모습과 건강해진 내 모습을 상상하며 하루가 설레는 삶을 살 수 있다. 지금 살고 있는 삶이 단조로워 무언가 변화를 주고 싶거나 설레는 삶을 살고 싶다면 도전을 적극 권장한다. 소풍 가기 전날처럼 두근거리는 삶을 살 수 있는 건 인간의 가장 큰 특혜이다.

**지금 삶이 만족스러운가? 만족하지 않다면 왜 그렇다고 생각하는가?**

_____

**소소하게 일상 속 설렘을 만들 수 있는 것은 어떤 것이 있을까?**

_____

**6**

## 잘 사는 방법은 이것밖에 없어

죽기 전에 당신의 눈앞에 당신의 삶이 영화처럼 지나갈 것이다.
그때 볼 만한 삶이 될 수 있도록 노력하라.

_ 제라이 웨이

뜬금없이 인생의 목표가 뭐냐고 물어보는 사람이 있었다. 너무 갑작스러워 그땐 그 질문에 답을 제대로 하지 못했다. 그때까지 한 번도 생각해 본 적이 없기에 어쩌면 시간이 충분히 주어졌어도 그 질문에 답을 못 했을 것 같다. 나뿐만 아니라 아마 많은 사람들이 그 질문을 받으면 막힘없이 답하지 못할 거라고 생각한다. 왜냐하면 아직 우린 지금 이 순간의 삶도 어떻게 살아야 할지 모르기 때문이다. 그럼에도 언젠가는 이 질문에 대한 답을 찾아야 한다고 생각했는데 쉽사리 찾을 수 없었다. 인생의 목표라고 하면 뭔가 거창해야 한다는 생각이 있었기 때문이다.

시간이 지나고 보니 나는 이미 그 답을 찾고 실행하고 있었다. 뚜렷하지 않았기 때문에 미처 찾았다는 것을 인식하지 못했을 뿐이었다. 나의 인생 목표는 '사람들에게 선한 영향력을 주는 것'이었는데 그것 때문에 매일 도전하며 살고 있었던 것이라고 생각한다. 나의 도전을 통해 많은 사람들에게 '나도 할 수 있다'는 희망을 주는 것 역시 선한 영향력이라고 생각하기 때문이다.

이렇듯 인생의 목표가 생긴다는 건 도전하는 이유가 생긴 것과 같다고 생각한다. 그 목표를 실현하기 위해 하루를 열심히 살아가는 것도 중요하지만 도전도 필수적으로 있어야 하기 때문이다. 예를 들면 이렇다. 많은 사람들이 인생의 목표를 '잘 사는 것'이라고 말한다. 너무 포괄적인 말이긴 하지만 잘 산다는 건 하고 싶은 거 다하며 후회 없이 살아간다는 의미일 것이다. 이 역시 도전이 포함되어 있다. 또한 죽기 전 사람들이 가장 많이 후회하는 것 중의 하나가 자신의 꿈이나 하고 싶었던 것에 도전하지 않았다는 것이다. 죽기 전까지 도전하지 않았다는 것을 후회하는데 이보다 더 도전의 이유가 명확한 것은 없다. 도전은 나를 후회하는 삶에서 건져 올릴 수 있는 최고의 방법이 되어준다.

✦ 나다움을 위한 한 걸음

**나의 인생 목표는?**

_____

**잘 산다는 의미는 무엇일까?**

_____

**7**

스스로의 가치를 증명하고 싶다면?

도전을 받아들여라.

그러면 승리의 쾌감을 맛볼지도 모른다.

_ 조지 패튼

최근 새로운 도전을 시작하게 되었다. 바로 하프마라톤 도전이다. 이것을 시작하게 된 계기는 나름 이유가 있었다. 한동안 속이 답답하고 생각이 복잡해 어느 것 하나 집중하지 못하는 날이 길어지고 있었다. 이 답답한 속을 확 뚫고 싶다는 생각이 들었는데 땀을 한 바가지 흘리면 왠지 속이 뚫릴 것도 같았다. 그렇게 달리기를 시작하게 되었다. 처음에는 숨이 헉헉 차고 몸도 무거워 힘들었지만 달리고 나니 개운하다는 생각이 들면서 답답했던 속이 조금은 해소되었다. 그래서 일주일에 2~3번 정도는 러닝머신이나 야외에서 달렸다.

그렇게 계속 달리다 보니 마라톤 대회를 나가고 싶은 욕심이 생겼다. 예전부터 풀코스 마라톤에 대한 환상이 있어서 이참에 한번 해볼까 하다가 그건 아직까지 욕심일 거 같고 하프마라톤 정도는 괜찮지 않을까 생각했다. 그러면서도 한편으로는 걱정도 됐다. 그전에도 하프마라톤을 해본 적이 있었기 때문이다. 코로나로 인해 마라톤 대회가 열리지 않았을 때 랜선마라톤이라고 각자 혼자서 뛰고 기록을 올리는 대회가 있었다. 그때 처음으로 하프마라톤을 했었는데 그전까지 연습도 하지 않고 뛰어서 원래부터 말썽이었던 무릎이 아파 뛰고 걷기를 수십 번을 반복해 3시간에 가까운 기록으로 겨우 완주했었다. 그때의 너무 힘들었던 기억 때문에 다시 한 번 하프마라톤을 하는 게 망설여졌다. 그렇게 고민하는 와중에 어느 날 〈나 혼자 산다〉라는 프로그램에서 기안84 님이 풀코스 마라톤 신청을 하는 에피소드를 보게 되었다. 왠지 그 시기에 그걸 본 게 나에게는 대회를 나가라는 개시 같았다. 그렇게 또 한 번의 하프마라톤 대회 준비를 하게 되었다.

대회를 신청하고 마라톤 대회까지는 약 두 달 정도의 시간이 있었다. 이번 목표는 한 번도 걷지 않고 뛰어서 2시간 30분 안에 결승점으로 들어오는 것이었다. 그러기 위해서는 꾸준히 체력을 기르는 것이 중요했다. 일어나자마자 운동복으로 갈아입고 근처 하천을 최소 일주일에 3번은 뛰었다. 처음에는 3km 뛰는 것도 숨이 차서 '과연 내가 21km를 뛸 수 있을까?'라는 걱정도 들었지만 시간이 지날수록 숨이 차는 것은 없어지고 거리를 늘릴 수 있는 체력이 점점 늘어갔다.

비가 오는 날은 러닝머신에서 달린 적도 있지만 가급적 밖에서 달렸다. 밖에서 달리다 보면 매번 같은 곳을 달리지만 다른 풍경이 나를 맞이해 줬기 때문이다. 강아지를 데리고 산책하는 사람, 강물에 지나가는 물고기, 건물 사이로 눈이 부실 정도로 환하게 떠오르고 있는 일출을 보는 것이 또 하나의 즐거움이 되었다. 뛰는 이 순간에는 현실에서의 역할을 잠시 내려놓고 오롯이 나만의 시간을 즐길 수 있었기 때문에 이 시간만큼은 걱정이 없고 이보다 더 평온할 수 있을까 싶을 정도로 마음이 잔잔해졌다. 두 달 동안의 연습 시간이 하프마라톤이라는 도전을 위해서 달리는 시간이기도 했지만 나만의 시간을 선물 받은 기분이어서 너무 행복했었다.

대망의 하프마라톤 대회 날이 되었다. 내가 참여한 대회는 대전에서 주최하는 대청호마라톤대회였는데 대회 하루 전 이런 이야기를 들었다. 이 대회는 마라톤 대회 중에서 오르막과 내리막이 많아 난이도가 꽤 높다는 이야기 말이다. 이런 이야기를 들으니 담담하게 준비했던 대회가 두려워지기 시작했다. 출발선에 서서 간단하게 몸을 풀며 총소리를 기다리는데 '과연 내가 완주하여 이 출발점에 다시 올 수 있을까?'라는 걱정이 되면서 이게 뭐라고 떨렸다. 하지만 한편으로는 '혹시 힘들어서 걷게 되더라도 꼭 완주는 해야지.'라고 생각하며 마음을 다잡으려고 노력했다. 그런 마음으로 속으로 파이팅을 외치고 있을 때 출발을 알리는 총소리가 울렸다. 또 한 번 도전의 끝을 향해 출발한 것이다. 결과는 목표로 했던 2시간 30분을 훨씬 단축한 2시간 8분대로 결승점에 들어왔다. 또한 엄청난 오르막길에서 걷고 있는 사람들을 보며 잠깐의 유혹이 있었지만 그래도 한 번도 걷지 않고 뛰어서 완벽하게 목표를 이루었다. 그동안의 노력들이 빛을 발했다는 생각에 스스로가 대견하고 자랑스러웠다.

사람들은 나를 보면 자신감 있고 자존감이 높은 사람이라고 생각한다. 하지만 누구보다도 나에 대한 확신이 부족하고 자존감이 거의 밑바닥에 있는 사람이다. 예를 들면 어떤 시험을 칠 때 시험범위를 다 외웠음에도 불구하고 '과연 내가 다 외운 게 맞을까?'라고 생각했다. 그만큼 자신에 대한 의심을 끊임없이 하는 편이었다. 이렇게 생각하다 보면 긴장감이 극에 달하게 되어 너무 쉬운 문제도 틀릴 때가 많았다. 그렇지만 도전으로 자신감이 예전보다 많아졌고 나에 대한 확신이 점차 생기게 되었다.

이처럼 도전이라는 것은 모두에게 큰 가치를 선물한다고 생각한다. 어떤 사람은 도전하는 이유에 대해 이렇게 말했다. "도전은 끊임없이 자신을 증명시키기 위한 행위." 라고 말이다. 그 말이 정말 가슴에 와닿는다. 여기에서 말하는 증명이란 남이 될 수도 있겠지만 '스스로를 위한 증명'이 될 수도 있다고 생각한다. 마라톤을 성공하면서 내가 생각하는 나보다 훨씬 더 강하다는 것을 알게 되었고, 어떤 일이든 이렇게만 한다면 꼭 성공할 것이라는 자신감을 불어넣어 줬기 때문에 이 도전은 나에게 스스로를 믿어도 된다는 증명을 해준 것이다.

이런 자신감을 발판 삼아 또 한 번의 도전을 하려고 한다. 다시 한 번 마라톤 대회에 나가는 것이다. 사실 이 도전을 끝내면 대회에 대한 미련이 없을 줄 알았다. 하지만 막상 나가보니 조금만 더 노력하면 하프코스는 2시간 안에 들어올 수 있다는 가능성과 풀코스도 할 수 있겠다는 자신감이 들었다. 아직 어떤 코스를 선택할지 결정은 하지 않았지만 꾸준히 연습해서 꽃잎들이 막 피어나기 시작하는 따뜻한 봄날, 또다시 도전을 이어가려고 한다.

# 세상을 넓게 볼 수 있는 힘

어제보다 오늘이 새로워야 하고
또 오늘보다 내일이 한 걸음 앞서야 된다.

**_ 법정스님**

어느 날 갑자기 내 인생에서 예정에도 없던 도전이 시작되었다. 바로 고양이 집사가 된 것이다. 이 도전의 시작은 동생 때문이었다. 동생 친구가 출근길에 아파트 계단에서 울고 있던 새끼고양이를 발견하였는데 퇴근하고 왔을 때도 똑같은 곳에서 울고 있었다고 한다. 그게 안쓰럽고 걱정스러운 마음에 데리고 왔지만 그 친구는 고양이 알레르기가 있어 키울 형편이 되지 않았다. 그 이야기를 듣고 동생은 내가 키웠으면 좋겠다고 생각해 입양을 결심했다고 한다. 그때 나는 대전에 내려온 지 한 달도 되지 않은 시기라 많이 우울해 있었는데 동생은 '누나가 고양이를 키우면 우울감이 조금은 해소되고 또 다른 행복을 느낄 수 있지 않을까?'라는 마음으로 나에게 데리고 온 것이다. 그렇게 소리에 예민하여 '소리'라고 이름 지어진 고양이와 한 식구가 되었다. 그리고 '소리'로 인해 고양이의 매력에 푹 빠져 그다음 해에 또 한 마리의 검정고양이 '밤이'를 입양해 지금은 세 식구가 함께 살고 있다.

사실 평생을 살면서 고양이에 대한 관심을 가진 적이 단한 번도 없었다. 그랬기 때문에 당연히 키우고 싶다는 생각까지 미치지 못했다. 그런 내가 갑자기 새끼 고양이를 떠안게 되다니 모든 것이 막막했다. '과연 내가 잘 키울 수있을까?'부터가 걱정이었다. 예전에 강아지를 키우고 싶다는 생각은 간혹 한 적이 있었지만 결국 키우지 못한 건 한생명에 대한 책임감 때문이었다. 나 하나 간수하기 힘든데어떻게 생명을 키울 수 있을지 나조차도 의심이 들었던 것이다. 그래도 어쨌든 내 품에 들어왔기에 어떻게든 최선을 다해 키워야겠다는 생각을 했다.

고양이를 키우는 건 정말 하루하루가 미션이었다. 고양이에 대한 상식이 전혀 없었기 때문이다. 어떤 사료를 먹이면 되는지 화장실은 어떻게 해주면 되는지 매일 인터넷을 뒤지며 공부했다. '소리'는 나의 일상에도 많은 영향을 주었다. 생후 2~3개월 된 고양이였음에도 밖에서 자랐기 때문에 야행성인 습관이 남아 있었다. 낮에는 자다가 밤에는 우다다 하며 뛰어다녀 3개월 동안은 잠을 거의 못 자고 출근했다. 또한 출근하면 혼자 남겨진 '소리'가 걱정되어 회사 점심시간마다 집에 와서 밥을 먹었고, 출근시간 외에는 되도록 외출을 하지 않았다. 아마 '소리' 역시 나와 사는 게 쉽지만은 않았을 것이다. 그럼에도 우리는 서로를 이해하고 맞춰가며 아직까지 무탈하게 잘 살고 있다.

고양이에 대해 잘 몰랐기 때문에 생긴 웃지 못할 에피소드가 있다. 어느 날인가 '소리'랑 같이 누워 있는데 이상한 소리를 내는 것이었다. 듣기에 좋은 소리가 아닌 거 같아서 '혹시 아픈 건 아닐까?'라는 생각으로 병원에 갔다. 막상 병원에 가니 그 소리를 멈췄는데 걱정이 되어서 진료는 보기로 했다. 의사 선생님을 만나 어떤 소리를 내었는지 최선을 다해 설명했지만 잘 모르겠다고 했다. 그래도 혹시 몰라 구석구석 진료를 하고 이상 없다는 이야기를 듣고 집으로 왔다. 어떻게 알았는지는 기억이 나지 않지만 어쨌든 나중에 알게 되었는데 그 소리는 고양이들이 편안할 때 내는 일명 '골골송'이었다. 아마 의사도 내가 그 소리를 듣고 병원에 왔을지는 상상도 못 했을 것이다. 이 정도로 나는 고양이에 대해 아무것도 몰라 하나하나 직접 경험을 하며 고양이의 습성을 알아갔다.

 비록 갑작스럽게 시작한 도전이었지만 '소리'로 인해 많은 것들이 달라졌다. 고양이에 관심이 없었기 때문에 키우기 전까지 길에서 한 번도 고양이를 본 기억이 없었다. 하지만 '소리'를 키우고 나니 길거리에 고양이가 많다는 걸 알게 되었다. 그리고 항상 볼 때마다 '소리'가 생각나면서 안쓰러운 마음이 든다. 또한 반려동물을 키우고 있는 사람들이 왜 동물을 자식처럼 여기는지 알게 되었다. 더 나아가 아기를 키우고 있는 엄마의 마음까지 깊이 있게는 잘 모르겠지만 그래도 '소리'를 통해 어렴풋하게나마 조금은 알 거 같기도 하다. 그렇게 '소리'로 인해 내가 바라보는 세상이 넓어졌고 지금도 더 넓어지고 있다.

## 9

# 나만의 탈출구 하나쯤 필요하지

여가는 철학의 어머니다.

**_ 토머스 홉스**

최근 처음으로 혼자 캠핑을 다녀왔다. 가족이나 친구들과 종종 간 적은 있었지만 혼자는 처음이었다. 혼자 캠핑을 가야겠다고 생각한 이유는 자영업을 시작하면서 일만 하는 삶이 되었기 때문이다. 평일에는 보통 집과 회사만 왔다 갔다 했고, 주말에는 학교를 가거나 그렇지 않으면 거의 집에만 있었다. 하지만 집에서조차 컴퓨터 앞에 앉아 일을 하는 것이 일상이었고, 일의 특성상 언제 업무 전화나 상담 신청이 들어올지 몰라 항상 폰을 가지고 다녔기 때문에 쉬어도 쉬는 것 같지 않았다. 거기에 빈 시간들은 일에 대한 고민들로만 채웠다. 온통 일로만 가득한 단조로운 삶이 되어버린 것이다.

이런 생활을 하고 있는 나를 보며 직원은 캠핑을 해보는 게 어떻겠냐는 이야기를 했다. 경치 좋은 곳에서 맛있는 음식을 먹으며 캠핑을 하면 힐링도 되고 좋다는 것이다. 그 이야기를 듣고 며칠을 고민하다가 '일단 한번 해보자!'라는 마음으로 캠핑에 필요한 장비를 하나씩 사기 시작했다. 그 전까지는 한 번도 혼자 텐트를 친 적이 없었기 때문에 그나마 가장 설치하기 쉬운 텐트와 장비들을 사서 혼자서 하는 첫 캠핑을 갔다. 아무리 쉬운 텐트여도 처음 설치하다 보니 한 시간이 넘도록 세팅을 마치지 못했는데 내가 왜 캠핑을 와서 이런 생고생을 하고 있는지 후회가 되었다. 하지만 이왕 온 거니 한 번은 해봐야 할 거 같아 꾸역꾸역 설치해 나갔고 마지막으로 의자를 펼친 후 털썩 앉았다.

시야에는 초록색과 갈색 어느 중간에 위치한 밤나무가

보였는데 이것이 바람을 맞고 쏙쏙 소리를 냈다. 그 소리 끝에는 톡 하는 소리와 함께 밤송이가 떨어지고 있었다. 밤나무 뒤로는 햇빛에 반짝이고 있는 저수지가 보였고, 지저귀는 새소리와 시끌벅적한 사람의 소리, 바람소리가 뒤엉켜 작은 하모니를 만들었다. 낑낑거리며 설치한 텐트 덕분에 후끈 달아오른 몸은 선선하게 불어오는 바람이 식혀주면서 노곤하게 만들었는데 이게 사람들이 말하는 캠핑의 매력인가 싶었다.

그 후로도 몇 번 혼자 캠핑을 하며 캠핑의 매력을 찾으려 했다. 그럼에도 아직까지는 매력보다 텐트를 치는 것과 캠핑장을 가야 한다는 생각에 귀찮을 때가 더 많다. 그리고 거기서도 컴퓨터를 붙잡고 있는 내 모습을 발견하니 이게 과연 힐링이 맞나 싶기도 하여 언제까지 캠핑을 할지는 장담을 못하겠다. 하지만 이렇게 캠핑처럼 나를 힐링시켜 줄 무언가를 하나둘씩 해나가다 보면 어느 순간 나만의 최고 힐링법을 찾을 수 있지 않을까?

모든 사람에게는 자신에게 맞는 힐링법이나 취미를 찾아서 나만의 탈출구를 만드는 일이 중요하다고 생각한다. 살아가다 보면 어쩔 수 없이 스트레스가 생길 수밖에 없다. 그 스트레스는 시간이 지나면 자연히 사라지기도 하겠지만 나만의 탈출구로 빠르게 떨쳐버릴 수 있기 때문이다. 혹시나 떨쳐버릴 수 없다고 해도 잠시 내려놓을 수는 있다. 그리고 그것을 통해 지금의 상황을 해결할 수 있는 돌파구를 마련하는 계기를 만들어 줄 수도 있다. 또한 평소 일상과는 다른 일을 하다 보면 지금 자신이 받고 있는 스트레스가 별거 아니라는 생각이 들 수도 있다. 현실에 치이면서 너무 예민하게 반응했던 건 아니었는지 자신을 좀 더 객관적으로 바라볼 수 있는 시간을 만들어주기 때문이다. 평소에는 이런 사건으로 스트레스를 받을 일도 아닌데 그 시기 여러 가지 복잡한 감정이 뒤엉켜 스스로 스트레스를 받게끔 만드는 일도 분명 있다.

나는 스트레스를 받거나 고민할 일이 생기면 평소보다 책을 많이 읽으려고 노력한다. 그것이 아직까지는 나만의 탈출구라고 생각하기 때문이다. 수많은 책 중에서도 지금 고민하는 상황과 맞는 책을 골라서 읽는다. 그러다 보면 책에서 해결책을 찾기도 하고 다른 사람들도 이런 고민을 했다는 것에 대해 위안도 얻는다. 이렇게 나만의 탈출구는 삶에 대한 유연성을 만들어 줄 수도 있고 정신건강에 도움을 주기도 한다. 그렇기 때문에 나에겐 어떤 것이 위기를 탈출할 수 있는 힘이 되는지 생각해 보고 하나쯤 만들어 보자.

✦ 나다움을 위한 한 걸음

**나만의 탈출구는 어떤 것이 있을까?**

_____

## 나다운 삶을 위한 디딤돌

### 도전을 위한 주의사항

생각보다 많은 사람들이 오류를 범하는 일이 있다. 바로 남들을 보고 따라 하게 되는 도전이다. '이건 남들 다 하니 나도 한번 해볼까?'라고 무의식적으로 생각한다. 그러다 보면 어느 순간 마치 자기가 하고 싶은 일인 것처럼 착각하여 시작하는 도전도 꽤 많이 있다. 이렇게 도전을 하는 것이 물론 좋은 영향을 끼칠 때도 있다. 하지만 보통은 도전에 대한 이유를 찾지 못한 상태에서 시작한 것이라 흐지부지될 확률이 높고 막상 성공했더라도 성공에 대한 즐거움이나 성취감이 느껴지지 않을 수도 있다.

나는 항상 새해가 되면 빠지지 않고 버킷리스트를 썼는데 20대까지 매번 '번지점프 하기'라는 걸 썼었다. 하지만 고소공포증이 있기 때문에 애초에 하고 싶은 생각이 없었다. 단지 다른 사람들의 버킷리스트에 많이 쓰여 있기 때문에 생각도 하지 않고 쓴 것이다. 원래 버킷리스트는 다 수행하고 이걸 끝냈다며 그 단어에 줄을 쫙 긋고 도전해 낸 날짜를 적는 것이 꽤 짜릿한 일이다. 하지만 '번지점프 하기'는 절대로 지울 수가 없으니 이걸 보고 있으면 찜찜함도 느껴지면서 어떨 땐 스트레스가 확 쌓였다. 그럼에도 그 이후로도 한참 동안 나의 버킷리스트로 안착되어 있다가 어느 순간 하고 싶지 않다는 걸 깨닫고 과감하게 지워버렸다.

이런 상황이 비단 나에게만 있지는 않다고 생각한다. 요즘에는 SNS로 사람들의 사생활을 언제든 볼 수 있기 때문에 예전보다 더 많이 생길 수밖에 없다. 남들이 올려놓은 몇 장의 사진으로 순간적으로 나도 하고 싶다는 생각을 하게 되고 이게 마치 내가 원하는 일인 양 마음 깊숙이 자리 잡을 수 있다. 얼마 전 강사로 유명한 김미경 님 영상을 봤는데 거기서 이런 이야기를 했었다. 남의 인스타를 보면서 하고 싶다는 생각을 하는 건 인터넷 쇼핑을 하며 쇼핑카트에 담는 것과 마찬가지라는 것이다. 쇼핑카트에서 결제로 이어지려면 정말 이것이 필요한지 한 번 더 생각해야 한다. 도전하는 것 역시 이 일이 내가 진정 원하는 도전이었는지에 대해 곰곰이 생각해 보자. 만약 그렇지 않다면 과감하게 쇼핑카트에서 없애는 결단력도 필요하다.

part **4.**

어떻게 도전을 해야 하는지 막막한 너를 위한 조언이자 응원의 시간

나다운 인생,

**도전은 이렇게!**

# 1

## 어디에서든 찾을 수 있어

경험을 현명하게 사용한다면, 어떤 일도 시간 낭비는 아니다.

_로댕

어렸을 때부터 TV를 보는 건 좋지 않다는 이야기를 들었다. 사람은 생각을 하고 살아가야 하는데 TV는 생각을 하지 않게 만들기 때문에 일명 '바보상자'로 불리었다. 하지만 내 생각은 조금 다르다. 오랜 시간 주야장천 TV를 보는 건 당연히 안 좋겠지만 그것으로 하여금 긍정적인 측면이 나에게는 있었기 때문이다. 나는 TV를 보면서 아이디어를 얻기도 하고 도전 욕구를 불러일으키는 일들이 많았다.

나이가 들수록 만나는 사람들은 점점 줄어든다고 하는데 나 역시 그랬다. 평소 사람들에게 연락을 잘하지 않는 스타일이라 요즘은 회사 사람들을 제외하고는 만나는 사람이 거의 없다. 인생 경험이 많고 다양한 분야의 사람들과 소통하고 싶은데 그럴 기회도 많지 않았다. 그래서 궁여지책으로 선택한 것이 책과 영상이었을지 모른다. 앞서 이야기했듯 책을 통해 나와 같은 고민을 가진 사람들은 이 문제를 어떻게 해결했는지 찾을 때가 있었다. 그리고 어떻게 알았는지 지금 고민하고 있는 부분에 대한 영상들이 알고리즘으로 떠서 해답이나 해결의 실마리를 찾아주기도 하고 좋은 아이디어가 생각나게끔 만들어 주기도 했다.

특히 나는 오디션이나 도전하는 프로그램을 주로 보는 편인데 그걸 보면 도전의 욕구가 막 솟구치기 때문이다. 어떨 땐 도전에 대한 설렘 때문에 그 마음을 부여잡으며 뜬 눈으로 밤을 새운 적도 있었다. 얼마 전 인기리에 종영된 〈피지컬: 100〉라는 프로그램이 그랬다. 가장 강력한 피지컬을 가진 사람을 찾기 위해 100인이 극강의 서바이벌

게임을 하는 프로그램이었는데 그걸 보면서 '나도 저렇게 강해지고 싶다.'라는 생각 때문에 빨리 아침에 되어 운동하고 싶은 욕구를 일으켰다.

　이렇듯 모두가 다 안 좋다고 해도 나에게까지 다 나쁘다고는 생각하지 않는다. 나처럼 영상에서 삶의 해답을 찾았다면 지금 이 순간에는 그것보다 더 좋은 스승이 없기 때문이다. 유튜버 주언규 님도 처음 창업할 때 마케팅 방법을 자신이 했던 게임에서 아이디어를 얻었다고 한 이야기를 들었다. 남을 해하는 일이 아닌 이상 세상에 무조건적으로 나쁜 건 거의 없다. 그리고 좋은 것도 악용하면 나쁜 것이 된다. 이 모든 것은 너무 과해서 나쁘다는 인식으로 심어진 것이기 때문에 자신의 일상에 방해가 되지 않는 선에서 적당히만 하면 그것으로 인해 새로운 세상이 열릴 수 있다. 그렇기에 여가 시간에 유튜브를 본다고 자신이 한심하다고 느끼지 않았으면 좋겠다. 언젠가 그 속에 담긴 내용이 나에게 도전욕구를 일으켜 행동으로 옮겨지면서 또 다른 세상으로 안내해 줄지 누가 알겠는가.

# 2

## 도전을 왜 하고 싶은 건데?

존재의 가장 중요한 이유, 세상을 사는 이유는 발견이다.

_ 제임스 딘

어떤 도전을 시작하기에 앞서 가장 먼저 해야 하는 것이 도전하려는 이유를 생각하는 것이다. 이 이유가 분명할수록 도전을 끝까지 해낼 수 있는 힘이 생기게 된다. 만약 내가 다이어트를 하고 싶다면 왜 다이어트를 하고 싶은지에 대한 이유를 분명하게 찾아야 한다. 가령 '날씬하면 좋을 거 같다.'와 같은 어정쩡한 이유는 도전을 쉽게 포기하게 한다. 그렇기 때문에 구체적인 이유를 생각해 내야 한다. '20대가 가기 전 비키니 한번 입어보고 싶어서.'라는 조금 더 구체적인 이유처럼 말이다. 거창한 이유는 아니어도 되지만 적어도 나를 움직이게 할 수 있는 도전의 이유는 만들어야 시작을 안정적으로 할 수 있고 끝까지 완주할 확률이 높아진다.

도전의 이유가 잘 생각나지 않는다면 스스로에게 질문을 해봐도 좋다.

다이어트하고 싶은 이유는 뭘까? → 날씬해지고 싶어서.
왜 날씬해지고 싶은 걸까? → 내가 원하는 옷을 입고 싶어서.
지금은 원하는 옷을 못 입고 있을까? → 내가 원하는 옷은 사이즈가 없거나 내가 원하는 핏이 나오지 않는다.

이렇게 끊임없는 질문을 통해 도달한 결론은 '원하는 옷을 원하는 핏으로 입고 싶기 때문에 다이어트를 하고 싶다.'가 되는 것이다. 그리고 그것에 맞는 준비를 하면 성공할 확률이 더 올라가게 된다. 예컨대 입고 싶은 옷을 사서

방에 걸어두는 것처럼 말이다.

　이런 식으로 질문에 질문을 이어가면서 답을 찾는 것이 '소크라테스적 대화'라고 불린다. 이 방법은 질문을 통해 자신이 가진 지식을 탐구하고 논리적인 결론을 도출하는 데 사용된다. 또한 이것으로 자기의 근본적인 문제를 도출하여 깨달음을 얻을 수도 있다. 도전하는 이유 외에도 살아가면서 어떠한 답을 찾고 싶다면 이 '소크라테스적 대화'를 자신에게 해보자. 분명 본질적인 답을 찾는 데 도움을 줄 것이다.

## 3

## 스스로를 먼저 설득시켜 봐

도전은 인생을 흥미롭게 만들고,
극복하는 것은 인생을 의미 있게 만든다.

_ 조쉬 라이빈

중학생쯤 되었던 거 같다. 잠을 자고 일어나니 점심시간
도 훌쩍 넘어 늦은 오후로 향하고 있었다. 너무 개운하게
일어나 기지개를 쭉 켜고 있는 나를 보고 동생이 한심하게
바라보며 이렇게 말했다. "꿈쩍도 하지 않고 너무 많이 자
고 있어서 혹시 죽었나 싶어 숨 쉬는지 코에 손을 대봤어!"
라고 말이다. 그 정도로 어렸을 때부터 아침잠이 많아 다
른 건 다 계획적이었지만 이것 하나만큼은 컨트롤할 수가
없었다. 대학생 때까지 아침에 일어나지 못해 항상 오전

수업은 전속력으로 뛰어 딱 정시에 맞춰 들어가다 보니 결국 오전 수업은 빼버렸다. 그랬기에 나에게 '미라클 모닝'이란 전혀 꿈꿀 수 없는 그저 환상 속에나 있는 단어였다.

한참의 시간이 흘러 피트니스 대회를 준비하는데 아무리 시간을 쪼개 사용해도 운동할 시간이 부족했다. 할 수 있는 거라곤 잠을 줄이는 것밖에 없었기 때문에 반강제적으로 일찍 일어나게 되면서 나도 모르게 미라클 모닝을 하게 되었다. 정말 일어나는 것이 곤욕스러웠지만 나에게는 목표가 있었기 때문에 새벽에 일어날 수밖에 없었다.

여느 때와 같이 새벽에 꾸역꾸역 일어나 헬스장에 가서 운동을 하고 있었다. 분명 평소와 별다를 게 없었는데 그날따라 새벽의 고요한 적막과 차가운 공기, 해가 뜨기 직전의 깜깜함이 조화를 이루고 있다는 생각이 들면서 새벽이란 시간이 너무나 매력 있게 느껴졌다. 이런 매력 있는 시간대를 그동안 모르고 잠만 잤다고 생각하니 그 시간이 아까워지기 시작했다. 그래서 대회가 끝나고도 이 시간에 일어나 무언가를 해야겠다는 결심을 했다. 그렇게 나의 본격적인 미라클 모닝이 시작되어 거의 1년을 지속하고 있다.

사실 예전에도 미라클 모닝을 안 해 본 것은 아니었다. 몇 년 전 한창 미라클 모닝이 유행했을 때 '남들이 다 하니 나도 한번 해보자.'라는 단순한 생각으로 이틀 정도 일찍 일어난 적이 있었다. 하지만 왜 하는지에 대해 자신도 설득하지 못했기 때문에 당연히 이 도전은 처참하게 실패했다. 그러면서 나는 미라클 모닝에 맞지 않는 사람이라고 스스로 합리화했었고 그 뒤로는 거들떠보지도 않았다.

이번 미라클 모닝을 성공한 이유는 일어날 수밖에 없는 새벽의 매력이라는 것을 찾아 스스로를 설득할 명분이 있었기 때문이다. 일어나는 것이 힘들긴 하지만 그 명분으로 인해 그전보다는 비교적 쉽게 일어났다.

처음에는 새벽에 고요함을 만끽하는 것에 초점이 맞춰

져 있었기 때문에 아무런 계획 없이 일단 일어났다. 커피 한잔 마시면서 생각을 정리할 때도 있고, 핸드폰을 보면서 시간을 보낼 때도 있었다. 그러다가 차츰 나만의 루틴을 완성해 갔다. 지금은 오전 5시에 일어나 운동하러 나갔다가 샤워를 하고 커피 한잔 마시며 책을 읽고 글도 쓰고 있다. 주말에는 잠을 푹 자고 싶어서 딱히 알람은 맞추지 않지만 일찍 일어나는 것이 습관이 되어 아침 7시 전에는 일어나는 편이다. 그리고 평일과 거의 비슷한 루틴으로 하루를 시작한다.

미라클 모닝을 시작하면서 더욱 명확하게 알게 된 것이 있다. 어떤 도전에 있어서 반드시 분명한 동기와 목적이 있어야 한다는 것을 말이다. 내가 새벽의 매력을 발견하고 그것을 활용하고 싶다는 생각을 한 것처럼 말이다. 이것이 명확해야 나를 가장 능동적으로 움직일 수 있는 힘이 생긴다. 만약 어떤 도전에 있어 자꾸만 실패를 한다면 한번 골똘히 생각해 보자. 과연 이 도전이 나를 납득시킬 만한 동기와 목적을 가지고 있는지 말이다. 분명 명확한 도전의 이유를 설명하지 못할 것이다. 그렇다면 다시 처음으로 돌아가 도전이 나에게 주는 의미를 다시 한번 생각하고 나를 충분히 이해시켜 보자. 그렇게 시작한다면 그전보다 훨씬 수월하게 도전을 이어나갈 수 있을 것이다.

### ✦ 나다움을 위한 한 걸음

**매번 실패하는 도전이 있다면 무엇인가? 그리고 왜 실패한다고 생각하는가?**

_____

**그 도전을 해야 하는 동기와 목적에 대해 생각해 보자.**

_____

## 4

## 목표를 찾는 것도 목표다

실패하면 실망할 수도 있지만,

시도조차 하지 않으면 죽은 것과 다름없다.

_ 베벌리 실즈

살면서 지금까지 다이어트 다음으로 제일 많이 도전했지만 현재까지도 성공하지 못한 것이 있다. 그것은 바로 영어 공부다. 최소한 10번은 넘게 시도를 해봤지만 단 한 번도 한 달 이상을 넘기지 못하고 실패했다. 영어를 공부하고 싶은 이유는 항상 있었다. 해외여행에서 만난 외국인과 유창한 대화를 하고 싶은 로망이나 사업을 할 때 언젠가는 필요할 거 같은 이유이다.

그럼에도 실패한 이유를 분명히 알고 있다. 앞서 말한 이유들은 너무 막연하고 목표가 뚜렷하지 않기 때문이다. 거기에 하나를 더 보태면 다른 도전에 비해 절박하지도 않다. 누구나 외국인과 유창한 대화를 꿈꾼다. 하지만 딱 거기까지이다. 왜 그걸 하고 싶은지에 대한 구체적인 목적과 목표가 없다. 또한 운동처럼 직업에 관련된 것도 아니고 일에 있어서 어떤 불이익을 발생시키는 것도 아니기 때문에 지금 당장 하지 않으면 안 되는 이유도 전혀 없다. 실패를 했다고 해서 그것에 대한 스트레스가 없는 걸 보면 영어 공부는 나에게 필수적으로 필요한 주식이기보다 간식 정도도 되지 않는 가치인 것이다. 그래서 항상 영어 공부를 하고 싶다는 생각을 하지만 어느새 다른 중요한 것들로부터 밀리게 되고 잊히게 된다.

도전의 성공을 가장 좌지우지하는 것이 목표라고 할 만큼 중요하다고 생각한다. 그렇기 때문에 도전을 할 때는 반드시 뚜렷한 목표를 설정해야 한다. 목표는 목적과는 다르다. 가끔 목적과 목표에 대해 헷갈리는 사람들도 있는데 간단하게 설명하자면 목적은 '이것을 하려고 하는 이유'이고 목표는 '하려는 이유에 대한 최종 결과물'이다. 영어 공부를 예로 든다면 회화를 막힘없이 하고 싶다는 것은 목적이고, 1년 안에 외국인과 자유롭게 대화하기가 목표이다. 추가로 목표는 기간을 설정하거나 양을 설정하는 등 수치로 나타내는 것이 좋다. 그렇게 해야 목표가 좀 더 구체화되기 때문이다.

이런 식으로 목표를 잡게 되면 여러 가지 이점들이 있다. 우선 방향과 비전이 명확해지기 때문에 집중도도 올릴 수 있고 강력한 동기 부여가 생겨 추진력을 얻게 된다. 그리고 목표에 도달하였을 때는 성취감과 함께 자신에 대한 믿음, 자부심, 행복감 등 긍정적인 영향을 줄 수 있다.

몇 달 전에도 영어 공부를 하겠다며 의욕적으로 1년 치 온라인 영어수강권을 끊었다. 그리고 다시 한 달이 되지 않아 우선순위에서 저 멀리 멀어졌다. 나는 알고 있다. 언젠가는 또다시 영어 공부를 하고 싶다는 생각을 할 것이라고 말이다. 그래서 이다음 번 도전에서는 영어 공부를 반드시 해야 하는 이유를 명확하게 찾는 것이 목표이다. 그렇게 하여 이 도전에 대한 부채감을 없앨 수 있도록, 그리고 그땐 반드시 이 도전의 끝이 성공이 될 수 있도록 할 것이다.

**5**

정말 내가 할 수 있는 것 맞아?

믿음을 갖고 첫발을 내디뎌라.

처음부터 전체를 볼 필요는 없다.

_ 마틴 루터 킹

최근에 간헐적 단식을 시작했다. 직업 때문에 영양이나 운동과 관련된 글을 많이 읽는 편이었는데 우연히 간헐적 단식에 대한 장점을 보게 되었기 때문이다. 꼭 그것 때문인 것만은 아니었다. 한동안 러닝과 헬스를 같이 하다 보니 그전보다 운동량은 더 늘었는데 몸은 더 나빠졌다는 느낌이 들었다. 그래서 그 시기 '건강이라는 것이 과연 무엇인가?'와 '어떻게 먹고 운동을 해야 할까?'라는 고민을 한창 하고 있을 때였다. 그랬기 때문에 다양한 방법으로 이 답을 찾고 싶어 시작한 것이다.

아무튼 이런저런 이유 때문에 간헐적 단식을 시작하게 되었는데 처음에는 그나마 가장 쉽다는 16:8을 하게 되었다. 16:8이란 8시간은 자유롭게 먹고 16시간은 공복을 가진다는 말이다. 실천은 하기로 했지만 사실 긴 시간의 공복에 대한 자신이 없었다. 그래서 처음에는 그 짧은 시간에 3끼를 다 먹었는데 특히 마지막 끼니는 폭식에 가까울 정도로 많이 먹었다. 그렇게 하니 다행히 단식 시간에 배고프지는 않았지만 그래도 뭘 먹고 싶다는 생각은 계속 들어 힘들긴 했다. 그래도 유혹을 간신히 참으며 하루하루를 버티다 보니 2주 차쯤 되었을 때는 점차 그런 마음이 없어지며 공복에 대한 자신감이 생겼다. 그때부터 마지막 끼니를 천천히 줄여 나가면서 나에게 맞는 양을 찾았고 공복 시간도 더 길게 가져갈 수 있게 되었다.

만약 간헐적 단식을 해야겠다는 마음을 먹고 처음부터 욕심을 내어 공복 시간을 길게 가져갔다면 하루 이틀은 할 수 있었겠지만 금방 포기했을 것이다. 갑작스러운 도전으로 배고픔도 배고픔이지만 공복에 대한 두려움과 같은 심리적인 압박을 극복하지 못했을 것이기 때문이다. 하지만 누구보다 자신을 잘 알기 때문에 할 수 있는 영역에서만 일단 시도해 봤던 것이 성공의 길을 만들어 준 것이다. 그렇게 시작한 간헐적 단식이 책을 쓰고 있는 지금 이 순간 100일을 넘기고 있다.

어릴 적에 만들어 놓은 버킷리스트를 확인해 보면 거의 실현된 것이 없다. 왜 그런지 살펴보면 대부분 실현하기 어려운 것들이 많이 있었기 때문이다. 나도 어릴 때는 단순히 100개의 숫자를 채우는 것만 집중한 버킷리스트를 만들었다. 그러다 보니 자신의 객관화가 되어 있지 않은 상태로 생각 없이 무작정 막 써 내려간 높고 허황된 목표가 많았다. 그래서 너무 막막해 시도조차 하지 못한 것들도 많았고 실행하더라도 번번이 실패했다.

다이어트가 그랬다. 20대 때부터 다이어트에 대한 고민이 많아 항상 버킷리스트 1순위를 차지했다. 보통 그 의지로 '49kg 되기'라고 적었었는데 당시 70kg에 육박하는 나로서는 그 목표가 너무 높았다. 또한 장기적인 계획이었지만 단기간에 빠르게 감량하고 싶었기 때문에 단식과 절식이라는 안 좋은 방법으로 몸무게를 낮추는 것에만 집착하게 되어 언제나 요요가 뒤따라 왔다. 다이어트에 무지한 나로서는 너무나 당연한 결과였다. 이런 식으로 너무 높거나 허황되게 잡은 목표는 높이 있어 먹지 못하는 감을 마냥 올려다보는 것과 다름없다. 빠르게 먹으려고 나무를 잡아 흔들게 되면 감에 상처를 내어 못 먹는 경우도 생길 수 있고 덜 익은 감을 딸 수도 있다. 만약 그 감을 먹고 싶다면 떨어질 때까지 기다리거나 돈을 모아서 사다리를 사야 한다. 하다못해 어딘가에서 긴 막대기를 구해 와서 조심히 따야 그 감을 먹을 수 있다. 이 기다림과 사다리가 현실에서는 목표를 이룰 수 있는 구세주인 것이다. 나는 그 감을 먹기 위해 할 수 있는 현실적인 목표를 세우고 천천히 실현해 나갔다. 그랬기에 간헐적 단식과 다이어트에 성공할 수 있었다.

이렇게 해도 당장은 현실적으로 불가능한 높은 목표도 있다. 예를 들면 '우주여행' 목표 같은 것이다. 앞으로는 일반인들도 우주여행을 할 수 있는 미래가 올 수 있다고는 하지만 지금 당장 실현 가능한 목표가 아니다. 또한 내가 노력을 한다고 해서 이루어질 수 있는 일도 아니다. 그렇기 때문에 이런 목표는 기다림이 필요하다. 그렇다고 마냥 기다리라는 것이 아니다. 언젠가는 기술이 발전하여 실현이 가능할 수도 있으니 그때까지 체력을 기른다거나 우주여행에 필요한 돈을 모으며 미래를 준비하면 된다. 그렇게 해야지만 그 순간이 올 때 도전할 수 있게 되는 것이다.

장기적인 목표일수록 너무 서두르지 않고 그것을 위해 준비하는 시간이 필요하다. 그리고 천천히 단계별로 실현해 나가야 한다. 비록 시간이 길어질 수도 있겠지만 언젠가는 높았던 목표를 만나게 되는 날이 올 것이다.

**지금 생각하고 있거나 하고 있는 장기적인 목표는 무엇인가?**

---

**그것을 하기 위해 준비해야 할 것과 단계별 목표를 세워보자.**

---

## 6

## 머리보다는 행동이 답이지

아는 자들이여, 실천하라.

_ 아리스토텔레스

어떤 것을 하고 싶다는 생각은 그것이 사소한 것일지라도 누구에게나 있다. 하지만 결국 하지 않는 이유는 생각에만 멈춰 있기 때문이다. 왜 그럴까 생각해 보면 걱정도 걱정이지만 '실수 없이 완벽하게 잘하고 싶어서.'라고 생각하는 사람들도 의외로 많이 있다. 어떤 사람이 이런 말을 하는 걸 우연히 들었다. "생각을 행동으로 옮기지 못하는 이유는 너무 잘하고 싶기 때문이다. 그래서 아무것도 하지 않는다."라고 말이다. 아마 많은 사람들이 이 말에 대한 뜻을 정확하게 알 거라고 생각한다. 꼭 무엇을 하고 싶다는 순간이 오면 평소에는 있지도 않은 완벽주의자 성격이 어딘가에서 나오는 것이다. 그렇기 때문에 실행하지 못하고 하루 종일 누워서 생각만 하고 있다. 완벽히 계획을 잡아야 실행을 할 수 있다는 생각에 작은 것 하나까지 머릿속으로 결정하려고 한다. 하지만 그렇게 생각하면 할수록 일이 너무 복잡해진다는 것을 깨닫게 된다. 그리고 이건 내가 할 수 없는 거라고 단정 지으며 하지도 않고 포기하게 되는 경우가 많다. 결국 행동은 하나도 하지 않고 머리로만 그렸다 지우는 것을 반복하면서 아무것도 하지 않게 되는 것이다. 이런 일이 반복적으로 일어나면 나중에는 어떤 일도 할 수 없을 거 같은 생각이 들면서 자신감이 저하되게 된다.

그러나 직접 겪어보면 생각과는 다른 일이 많다는 걸 깨닫게 될 것이다. 아무리 머릿속으로 많은 시뮬레이션을 해봐도 막상 해보면 머릿속으로 그려놓은 계획들은 어김없이 틀어져서 나중에는 다시 계획을 짜야 할 때가 있다. 어떤 건 한참을 생각하다가 실행으로 옮겼는데 생각보다 쉬워서 그동안 생각한 시간이 아깝게 느껴지는 것들도 있다. 그러니 너무 많은 걱정과 계획들로 행동에 대한 망설임은 없었으면 좋겠다.

헬스 트레이너가 되기 전 피트니스 대회에 도전한 적이 있었다. 운동을 시작하면서부터 막연하게 대회를 나가고 싶다는 생각을 했는데 그 도전이 실행이 되기까지 꽤 오랜 시간이 걸렸다. 머리로만 계획하면서 두려움이 생겼기 때문이다. 대회를 나가려면 식단은 어떻게 먹어야 하며 운동은 얼마나 하면 되는지 항상 머릿속으로 그려만 놓았다. 그렇게 하다 보니 '내가 과연 할 수 있을까?'라는 의구심이 들면서 결국에는 할 수 없을 거라는 결론에 다다랐다. 고민했던 시간만큼 자신감은 점점 떨어졌던 것이다. 그럼에도 계속하고 싶다는 생각이 머릿속을 떠나지 않아 '에라 모르겠다.' 하며 대회 홈페이지로 들어가 결제부터 했다. 이렇게 해야지만 나갈 수 있을 거 같다는 생각을 했기 때문이다.

처음 나갔던 대회는 비키니와 스포츠 모델과 같은 프로 선수들이 나가는 대회는 아니었고, 일반인들도 참가할 수 있는 '피트니스 모델'이라는 부분이었다. 이건 브라탑과 레깅스를 착용하고 무대에서 어떤 포즈든 마음대로 취하면 되는 대회였기 때문에 다른 대회보다는 부담이 없어 신청하게 되었다. 그렇게 약 80일 간 이 대회를 준비하게 된 것이다. 어려운 대회는 아니었지만 덩치가 제법 있었기 때문에 다이어트하기에는 시간이 충분치 않아 과정이 쉽지만은 않았다. 그렇지만 머릿속으로 그릴 때보다는 훨씬 쉬웠다. 비록 결과는 아쉽게 끝났지만 무사히 첫 대회를 마칠 수 있었고 재미있는 경험이 되었다.

　이 대회는 여기에서 그치지 않았다. 그때의 재미있고 짜릿한 경험 때문에 더 큰 대회를 나가고 싶다는 생각을 하게 된 계기가 되었다. 그리고 몇 년 후 꿈에 그리던 스포츠 모델과 비키니 대회까지 나가게 된 것이다. 머릿속에서 끄집어냈기 때문에 가능한 일이었다. 도전은 이렇듯 머리로 하는 것이 아니라 행동으로 해야 한다는 걸 다시 한 번 느끼게 해 준 사건이었다.

"아무것도 하지 않으면 아무 일도 일어나지 않는다."라는 말은 곧 어떠한 것이든 해야 무슨 일이 일어난다는 말이다. 그렇기 때문에 나의 삶에 변화를 주고 싶다면 지금 당장 일어나 무슨 일이라도 해야 한다.

✦ 나다움을 위한 한 걸음

**계획하고 아직까지 실행하지 못한 일은?**

_____

**어떻게 하면 실행할 수 있을까?**

_____

# 힘들 때 웃는 자가 바로 일류다

웃는 자가 승자일지니.

_ 메리 페티본 풀

언젠가 회원님이 그런 질문을 한 적이 있다. "선생님도 운동하기 싫을 때가 있나요? 그럴 땐 어떻게 해요?"라고 말이다. 그때 내 답은 이거였다. "어차피 운동하나 안 하나 시간은 가니 일단 대충이라도 하자라는 마음으로 해요." 라고 말이다. 운동을 하지 않으면 잠깐의 여유와 몸의 편 안함은 느끼겠지만 하루 종일 찜찜한 마음은 어떻게 해결할 수 있는 문제가 아니다. 오늘 하루 하지 않는다고 어떤 일이 일어나는 건 아니지만 오늘이 내일이 되고 또 그다음 날이 되어서 더 하기 싫어지는 게 본능이다. 그래서 일단 생각을 멈추고 대충이라도 하자는 마음으로 기구 앞에 앉아 운동을 시작한다. 이렇게 하다 보면 설렁설렁할 때도 있지만 거의 대부분은 다시 정신을 차리고 열심히 하는 나를 발견한다.

항상 하고 싶은 것만 하면서 살 수만 있다면 더없이 좋겠지만 어쩔 수 없이 하기 싫은 일 한 가지 정도는 가지고 살아갈 수밖에 없다. 개그맨 유재석 님이 이런 말을 했다. "내가 좋아하는 것을 포기하지 않으면, 모든 것을 다 가질 수가 없다."라고 말이다. 그래서 그는 많은 사람들에게 사랑을 받는 대신 자기 관리를 위해 하기 싫은 운동을 하고 담배도 끊었다고 한다. 우리도 마찬가지이다. 월급을 받기 위해서는 아침에 일어나는 것이 괴로워도 일어나 회사를 가야 하고, 다이어트하기 위해서는 먹고 싶은 걸 참아야 한다.

하지만 참기에는 너무 힘들다는 것을 잘 안다. 그래서

내가 선택한 또 다른 방법은 다른 시각으로 일을 바라보는 것이었다. 하기 싫어도 해야 하는 일이라면 이왕 하는 일 즐거운 마음과 일에 대한 긍정적인 면을 생각한다. 월급으로 원하는 것을 사거나 다이어트에 성공해 원하는 핏의 옷을 입는 상상을 하면서 말이다. 혹시 하기 싫은 일을 해야 한다면 그것에 대한 긍정적인 생각과 상상도 하나씩 떠올려보자. 더 좋은 트레이너가 되겠다는 즐거운 상상으로 운동을 하는 나처럼 말이다.

✦ 나다움을 위한 한 걸음

**반드시 해야 하지만 하기 싫은 일이 있다면?**

_____

**하기 싫은 일에 대한 긍정적인 부분 생각하기**

_____

## 8

## 더 즐겁게 할 수 있는 방법

행동과 보상을 적절히 연결하라.

_ 웬디 우드

결국 도전이라는 것은 자신을 성장시키기 위해서 하는 행위이지만 거기에 대한 보상이 있다면 좀 더 즐거운 마음으로 할 수 있지 않을까 싶다. 막상 도전의 끝을 보게 되면 허무한 순간도 있다. 이때 보상으로 이 허무함을 달랜다면 다음 도전에 대한 도전의식이 더 생길 수 있다. 보상이라고 하면 물질적인 것만 떠올릴 수 있는데 꼭 그런 것이 아니어도 좋다. 나의 경우 SNS로 도전을 기록하거나 결과물을 공유한다. 꾸준히 운동하겠다는 도전을 시작했을 때는 운동일지만 기록하는 인스타그램 계정을 만들어 매일 운동한 것을 올렸다. 이렇게 올리니 그동안 얼마나 열심히 살았는지에 대한 기록도 쌓이면서 운동을 계속 이어나갈 수 있도록 하는 끈을 만들어 주었다. 거기에 사람들의 응원을 받게 되고 팔로우 수도 늘어나니 이것이 나에게는 보상같이 느껴졌다. 또한 운동하는 게 귀찮을 때 이것을 보면서 다시 또 의지를 다잡게 될 때도 있다.

다른 보상으로는 지금은 시간적 여유가 없어서 그렇게 하진 못하지만 예전에는 도전을 성취하게 되면 짧게라도 항상 여행을 갔었다. 목표를 달성하고 홀가분해진 마음으로 국내든 해외든 여행을 가면 그렇게 개운할 수가 없다. 여행을 통해 도전으로 인해 힘들었던 몸과 마음을 휴식할 수 있는 보상이 너무 좋았다. 더불어 마음적인 여유가 생기니 이번 도전이 어땠는지에 관해 되짚어 보면서 객관적인 평가도 할 수도 있었다. 여행 이후에는 어떤 도전을 하고 싶은지에 대한 계획을 세우면서 앞으로의 삶에 대한 기대감과 설렘을 가지고 돌아왔다.

어떤 보상이든 상관없다. 과연 나는 어떤 보상이 생기면 도전의 의지를 불태우고 지속할 수 있는지 생각해 보고 나를 위한 선물을 준비해 보는 건 어떨까?

## 도전을 위한 전진

대학교 다닐 때의 일이다. 어떤 교양과목 시간에 장래희망을 적어낸 적이 있었다. 그 당시에도 연기를 하고 싶다는 생각이 있었지만 너무 늦은 나이라 포기한 상태였고, 앞으로 뭘 해야 되겠다는 것이 막막할 때였다. 그래서 장래희망을 적어서 내라고 했을 때 비로소 현실을 깨닫고 졸업을 하면 무슨 일을 할지 곰곰이 생각을 해봤다. 아르바이트를 통해 이미 나는 사무직과는 맞지 않았다는 걸 알고 있었지만 그다음부터는 단지 진취적인 일을 하고 싶다는 생각 외에 아무 생각도 들지 않았다. 정말 며칠을 고민하다가 결국 '교수'라는 직업을 적어냈다. 왜 갑자기 그런 생각이 들었는지는 잘 모르겠다. 조금 유추를 하자면 당시 나는 회계학과를 다니고 있었는데 적성과는 맞지 않았지만 회계라는 과목이 꽤 재미있어서 성적은 잘 나왔었다. 그래서 회계 쪽으로의 취업도 나쁘지 않다는 결론을 내렸었다. 다만 회사의 회계팀은 사무직이라 나에게 맞지 않을 것 같았고, 하고 싶지도 않았다. 회계와 관련된 일 중에서 그나마 진취적인 일이 뭘까, 고민하던 와중에 교수라는 직업을 생각해 냈던 것이다. 즉흥적으로 생각한 장래희망이었고 학교를 졸업하고는 전공과는 다른 일을 시작했기 때문에 당연히 기억 속에서 잊히게 되었다. 그런데 생각지도 못한 곳에서 다시 교수가 되고 싶다는 생각을 하게 되었다.

헬스 트레이너를 하면서 많은 교육을 듣고 자격증을 땄지만 계속 부족한 느낌이 들었다. 결국 대학원까지 진학하게 되었고 지금은 박사과정을 밟고 있다. 대학원을 진학한 또 다른 이유도 있었다. 헬스 트레이너라는 직업은 한국에서 이렇게 대중적으로 자리 잡은 지 얼마 되지 않아 역사가 깊지 않다. 그래서 40대 이상의 트레이너를 보기 쉽지 않다. 특히 여자 트레이너는 결혼과 출산으로 인해 그만두는 사람이 많아 더더욱 보기 힘들다. 그렇기 때문에 멘토를 삼을 만한 여자 트레이너가 주변에 없어 여자 트레이너의 미래는 앞으로 어떻게 될지 불안하기도 했다. 이런 여러 가지 이유들 때문에 헬스 트레이너에 국한되지 말고 직업의 영역을 더 넓힌다면 다양한 기회가 찾아오지 않을까 생각했다. 그러기 위해서는 공부가 필요했고 그렇게 박사과정까지 밟게 된 것이다.

　대학원을 가게 되면서 예전에 썼던 '교수'라는 장래희망이 불현듯 생각났다. 헬스 트레이너를 하면서 가르치는 게 나의 적성과 너무도 잘 맞는 직업이라는 것을 알게 되었는데 가끔 공기관이나 기업에 운동 관련 강의를 나가는 것 역시 너무나 재미있었다. 또한 예전에 잠깐 초등학교에서 연극을 가르치는 강사를 한 적이 있었는데 학생을 가르치는 것은 또 다른 보람을 느끼게 해줬다. 그렇기 때문에 '교수라는 직업도 나와 잘 맞지 않을까?'라는 막연하지만 확신이 있다. 다음 도전이 성공을 할지는 모르겠지만 성공을 하든 실패를 하든 그 과정은 분명 내가 더 성장할 수 있는 계기를 마련해 줄 것이다. 그렇기에 지금의 도전을 즐기며 묵묵히 전진하고 싶다.

# part **5.**

나다운 인생,

**살아보니 달라!**

## 1

## 쓸모없는 실패는 없다

실패는 성공을 돋보이게 하기 위한 조미료다.

_ 트루먼 카포티

보통 연극의 러닝타임은 90분 정도이고, 그 공연을 올리기 위해 2~3달 정도 연습이 필요하다. 연습이라고 하면 단순히 생각해 연기적인 연습만을 생각하지만 생각보다 연극을 구성하기 위해서는 많은 것이 존재한다. 무대는 어떤 식으로 설치할 건지 조명을 어떻게 하면 극이 더 잘 살 수 있을지 음악은 또 어떤 게 더 잘 어울릴지 매번 고민한다. 이 고민은 첫 공연이 오를 때까지, 경우에 따라서는 공연의 막이 내리는 순간까지 하게 된다. 최상의 조합으로 완벽한 연극을 만들기 위해 무수히 많은 실험을 하게 되는 것이다. 그중 딱 1개만이 살아남아 무대에 오르게 된다. 그럼 과연 무대에 오르지 못한 수많았던 실험이 의미가 없었던 것일까? 나는 절대 그렇게 생각하지 않는다. 비록 무대에서는 사라졌지만 그 실험이 있었기에 최상의 연극이 만들어진 것이다.

우리의 인생도 이것과 크게 다르지 않다. 생을 살아가는 동안 엄청나게 많은 선택을 하며 인생을 완성하게 될 것이다. 그 선택은 여러 번의 시행착오를 겪으며 성공과 실패로 나누어지게 된다. 하지만 성공만이 내 생의 의미 있는 경험은 아니다. 실패했던 경험도 온전히 나의 인생이고 경험이다. 어쩌면 실패의 과정 속에서 돌멩이인 줄 알았던 것들이 나중에는 빛나는 다이아몬드가 되어 성공보다 더 큰 깨달음과 가치를 주는 것도 있다. 또 어떤 실패는 그 경험을 통해 더 큰 성공을 하게 되는 밑바탕이 되기도 한다.

에디슨은 축전기를 만들기 위해 25,000번의 실험을 하였는데 별다른 성과를 내지 못했다고 한다. 그래서 사람들이 많이 속상하지 않느냐고 물어봤었는데 에디슨은 이렇게 말했다. "나는 25,000번 실패한 것이 아니라 건전지가 작동하지 않는 방법을 25,000가지나 알게 되었다. 그러니 이것이 실패라고 할 수 없다."라고 말이다. 그리고 얼마 후 보란 듯이 축음기를 세상에 선보이게 되었다. 그는 생전에 이런 말을 자주 했다고 한다. "쓸모없는 실패는 없다."라고 말이다. 다른 예로 어떤 사람이 음식점을 차리게 되었는데 매달 적자가 나는 상황에 놓이게 되어 몇 달 만에 음식점을 접게 되었다. 하지만 좌절하지 않고 자신이 왜 음식점을 실패했는지 분석하게 되었고 마침내 그 원인을 알게 되었다. 그리고 그것을 보완하고 다시 음식점을 하게 되어 성공을 하였다. 그렇다면 과연 첫 번째 음식점은 실패만으로 끝난 것일까?

많은 사람들이 도전을 망설이는 이유 중의 하나가 많은 시간과 노력을 투자했는데도 불구하고 '실패를 하게 될까 봐'에 대한 걱정 때문이다. 하지만 성공만 하며 인생을 살아가는 사람은 아무도 없다. 세계에서 손꼽히는 기업들이 지금의 자리에 오를 수 있었던 것은 실패를 통해 가장 많은 정보를 가지게 되었고 그것이 자산이 되었기 때문이라고 한다. "도전하라! 당신이 성공한다면 행복해질 것이고, 실패한다면 당신은 현명해질 것이다."라는 말을 어디선가 들었다. 그러니 실패에 대한 두려움을 이겨내고 과감 없이 도전해 봤으면 좋겠다.

## 2

내 편은 누가 뭐래도 나니까!

이 세상에서 어떤 일이든 해내기 위해서는

스스로를 사랑해야 한다.

_ 루실 볼

　나에게 제일 미워하는 사람이 누구인지 말하라고 하면
고민 없이 말할 수 있다. 바로 나 자신이기 때문이다. 어떤
사람이 실수를 하거나 잘못을 하면 순간적인 감정 때문에
화가 날 때도 있긴 하다. 그러다가 시간이 지나고 감정을
덜어내다 보면 결국엔 '그래. 사람이 실수할 수도 있지.'라
며 생각하는 편이다. 그러나 반대로 내가 실수를 하면 상
황이 다르다. 상대방이 괜찮다고 하지만 내가 나를 용서할
수 없다. 아무리 사소한 실수라도 자신에게 너무 화가 난

다. '왜 그런 어리석은 판단을 했을까?'라는 생각을 시작으로 끊임없이 되뇌며 자신을 괴롭힌다. 그리고 다시는 그런 실수를 하지 않기 위해 모든 에너지를 쏟아 붓기 때문에 점점 더 예민하게 살아간다. 심지어 상대방이 잘못한 일도 혹시 내가 잘못한 건 없는지 계속 되뇌기 때문에 말 한마디 한마디가 조심스러워지게 되었다. 이런 일이 지속되다 보니 점점 말과 행동에 대해 스스로에게 주는 제약이 많아졌다. 마치 넓은 방이었던 곳이 점점 좁아져 결국 움직일 수 없는 상태가 되는 것처럼 말이다.

당연히 알고 있다. 나를 가장 사랑해 줄 수 있는 사람은 결국 자신이란 걸 말이다. 그래서 자신을 사랑할 수 있는 방법에 대해 지금도 열심히 찾고 있는 중이다. 너무 오랜 시간 고착화되어 있어 조금 힘들긴 하지만 일단 스스로에게 관대해지려고 노력한다. 그렇게 자신을 가둬두었던 방을 천천히 깨부수다 보면 여유가 생기고 자신에 대한 마음도 넓어지지 않을까? 실수투성이인 나도 나이기에 미워하지만 말고 받아들이는 마음의 포용력이 얼른 생겼으면 좋겠다.

**나를 사랑할 수 있는 방법은?**

## 3

## 꾸준함이 주는 힘을 믿어라!

승리하는 것은 하루짜리 경기가 아니다.

그것은 매일 반복되는 작은 습관들의 연속이다.

_ 제임스 클리어

내가 생각하는 나는 게으르기 때문에 무언가를 끈기 있게 하지 못하는 성격이라고 생각했다. 그도 그럴 것이 20대 초반까지만 해도 어떤 일을 하면 3일도 못 가서 포기하는 일이 많았기 때문이다. 그러다 보니 꾸준히 하는 것은 내가 절대 하지 못하는 영역이라는 마음이 굳어졌다. 어쩌다가 꾸준히 해야 되는 일을 시도하면 항상 마음속으로 이것도 얼마 못 가 포기할 거 같다는 생각이 깔려 있었다. 나자신도 나를 믿지 못했던 것이다. 처음부터 그런 생각을 하며 시작하니 잘될 턱이 없었다.

그러나 지금은 하루에 항상 하는 것이 고정적으로 생겼다. 운동, 글쓰기, 책 읽기 등이 요즘 매일 하고 있는 것들이다. 처음 꾸준히 할 수 있다는 믿음을 심어준 것은 블로그였다. 과거 블로그를 해봤던 동생이 블로그는 하루에 하나씩은 무조건 글을 써야 하기 때문에 부지런한 사람들이나 할 수 있는 것이라고 했다. 그렇기 때문에 나는 못 할 거 같다는 이야기를 했었다. 나 역시도 동생과 같은 생각이었다. 그래서 일찌감치 블로그는 내가 할 수 없는 영역이라고 생각했었다. 그러다가 자영업을 시작하면서 블로그가 필요할 거 같아서 만들게 되었는데 역시나 꾸준히 하지 못했다. 어떤 글을 써야 할지도 몰라 막막한 데다 책상 앞에 30분 앉아 있는 것도 너무 힘들었기 때문이다.

그러던 어느 날 문득 그런 생각을 했다. 꾸준히 하는 일이 가장 어렵다고 하는데, 그걸 극복하지 못하면 성장하지 못하고 제자리에 계속 머물 거 같다는 생각 말이다. 또

한 인생의 결정적인 순간, 이것이 큰 걸림돌이 될 수도 있을 거 같아 덜컥 겁이 나기 시작했다. 하루라도 빨리 꾸준히 하는 습관을 길러야겠다고 생각했다. 또 한 번의 도전이 시작된 것이다. 일단 어떤 글이든 상관없으니 점 하나 찍더라도 3개월 동안 매일 글을 써서 블로그에 올리기로 결심하고 실행해 나갔다. 실제로 점만 찍은 적은 없었지만 문장 한 줄 쓴 적도 있었다. 친구들이랑 놀다가도 12시가 되기 전 핸드폰을 들고 뭐라도 쓰려고 했다. 그렇게 3개월을 노력하여 매일 쓰는 것에 성공했다. 이때부터 꾸준히 하는 일에 대한 겁이 조금씩 사라지면서 나에 대한 자신감이 생겼다.

이걸 발판삼아 지금은 1년째 건강에 관련된 블로그를 운영하고 있다. 처음에는 하루 방문자 10명도 되지 않았지만 꾸준히 글을 올리니 점점 방문자수가 많아지고 있다. 그리고 이걸 통해 생각지도 않은 수입이 생기기도 했다. 블로그를 통해 외부 강의를 의뢰받아 하게 된 것이다. 이게 다 꾸준함 때문이라고 생각한다.

최근에는 유튜브 숏츠 영상을 80일 정도 매일 올린 적이 있다. 다이어트를 시작하면서 기록용으로 영상을 올리면 어떨까 싶어 계획한 일이었다. 영상 편집이 너무 어려워 1분짜리 편집하는 데 2시간이 넘게 걸려 첫 영상을 올렸다. 올리고 나니 '이걸 내가 매일 찍고 편집을 해서 80일까지 할 수 있을까?'라는 생각을 하며 반신반의한 마음으로 시작했다. '일단 한번 시도는 해보자.'라는 마음이었지만 결국 80일 동안 하루도 쉬지 않고 숏츠를 올리는 데 성공했다. 그렇게 올리다 보니 항상 똑같은 루틴의 영상이라 재미가 없음에도 불구하고 구독자도 조금씩이지만 늘었고 응원하는 사람도 생겨나기 시작했다.

　지금은 유튜브로 매주 월, 수, 금 3일 아침 운동을 라이브로 진행하고 있다. 구독자도 적고 인플루언서도 아닌 내가 이 도전을 진행했을 때 '사람들이 과연 보기는 할까?'라는 의구심이 들었다. 하지만 그런 건 아무리 생각해도 답이 나오지 않는 것이었기 때문에 나라도 꾸준히 운동한다는 마음으로 가볍게 해야지 하며 출발했다. 아직 초반이라

같이 운동하는 사람이 적긴 하지만 결국 이것도 나를 위한 일이다. 또한 꾸준히 하는 힘을 믿기 때문에 가능한 오래 해보려고 한다.

사실 나도 어떻게 꾸준히 할 수 있는 힘이 생겼는지는 모르겠다. 하지만 내가 가장 못 할 거 같았던 일을 하게 되면서 일단 결심만 하면 뭐든지 할 수 있는 사람이라는 걸 깨달았다. 게으르고 끈기가 없다고 생각한 나도 하는데 다른 사람들은 더 쉽게 할 수 있다고 생각한다. 꾸준히 하는 습관이 당장은 눈에 보이는 성과와 보상이 없어 힘이 든다는 걸 잘 안다. 그러나 언젠가는 눈덩이처럼 불어나 커다란 보상으로 다가온다는 것을 확신하기 때문에 아주 작은 것부터 꾸준히 하는 습관을 만들어 보자.

**지금 꾸준히 하는 일은 무엇이 있을까?**

---

**꾸준히 하고 싶거나 해야만 하는 일은 어떤 것이 있을까?**

---

**4**

거정은 쓸 데가 없으니 넣어둬

지금 달리면 질 확률이 있다.

하지만 달리지 않으면 이미 진 것이다.

_ 버락 오바마

도전을 함에 있어서 마지막까지 가장 망설이게 하는 게 바로 이 걱정이다. 걱정의 이유는 다양하겠지만 결국 그 일이 일어나기 너무 희박한 쓸데없는 걱정일 때가 많다. 하지만 그 걱정 때문에 도전하지 않을 핑계를 스스로 만들어 버리곤 한다. 지인들은 내가 했던 도전에 관해 물어보는 경우가 있다. 그래서 대답을 하면 "나도 해보고 싶다." 라거나 "나도 예전에 그거 하려고 했는데 못 했다."라는 말을 자주 듣는다. 그럼 왜 지금 못 하는지 또는 못 했는지 물어보는 편인데 내 상식으로는 이해가 되지 않는 핑계를 대거나 구차한 변명일 때가 많아 '이 사람이 진짜 하고 싶다는 생각이 있는 것일까?'에 대한 의구심이 들 때가 많다.

최근 등산이 재미있어지면서 우리나라에 있는 최고 높은 산들을 가보고 싶다는 생각이 들었다. 그렇게 가장 높은 산 4곳을 가보겠다는 도전을 한 것이다. 한라산, 설악산, 지리산, 덕유산 이렇게 4곳이 우리나라에서 가장 높은 산이었는데 각지에 흩어져 있어서 스케줄 맞추는 것부터 힘들었다. 그럼에도 부지런히 다닌 끝에 한 해에 다 다녀와 도전을 이뤘다. 이런 모습을 보고 지인들 중에는 자신도 가고 싶다고 표현을 한 사람들이 많았다. 하지만 말뿐이었다. 못 가는 이유를 들어보면 "거리가 멀어 장시간 운전이 힘들다."라거나 "그렇게 멀리까지 갔는데 올라가다가 중간에 힘들어 포기하게 될까 봐."라는 걱정을 하는 등 해보지도 않고 지레 겁먹은 경우가 대부분이었다. 심지어 시간이 없어서 못 간다는 사람도 있었다. 이것이야말로 가장 구차한 변명이라고 생각한다. 내 경우 설악산은 사는 곳에서 3

시간 거리에 위치했는데, 당일치기로 밤 12시에 출발해 등산을 하고 오후 2시에 다시 집으로 돌아왔다. 일이 바빠서 시간이 나지 않았기 때문에 금요일 퇴근을 하고 다녀온 것이다. 목표를 위해서는 이렇게라도 시간을 내야 했다.

나 역시 아무리 작은 도전이라고 할지라도 걱정 하나 없이 시작하는 경우는 거의 없었다. 그럼에도 해야겠다는 생각한 이유는 한번 걱정을 시작하면 그것이 어느새 눈덩이처럼 불어나 마치 그 일이 일어날 거 같은 착각을 일으키고 결국 해보지도 않고 포기하는 경우가 많았던 20대를 지냈기 때문이다. 하지만 막상 실행해 보면 머릿속으로 상상했던 걱정 중 실현된 일은 거의 없었다. 설령 걱정했던 부분이 현실로 일어나도 자신이 생각한 자신보다 훨씬 더 지혜롭고 강한 사람이기 때문에 어떻게든 문제를 잘 해결할 것이라는 것을 잘 안다. 하물며 문제를 해결하지 못해 포기하는 상황이 생기더라도 해봤다는 경험 또한 값진 것이다. 그럼에도 자꾸 걱정이 도전을 가로막으면 나는 이렇게 극복한다. 바로 '이 도전에 대한 걱정과 실패했을 때 일어날 수 있는 일'을 적어보는 것이다. 이렇게 쓴 걸 보면 생각보다 별거 아닌 걱정도 있고, 실패했다고 해서 잃게 되는 리스크가 크지 않다는 것을 좀 더 객관적으로 확인할 수 있다. 그리고 걱정이 조금씩 사라지는 것을 느꼈다.

앞서 말한 설악산은 친구와 같이 갔었는데 그 친구 또한 올라가지 못할 거라는 걱정으로 처음에는 가지 않겠다고 했었다. 그러다가 같이 등산을 몇 번 하면서 자신감이 붙어 설악산까지 같이 오게 되었다. 결국 그 친구는 꼭대기까지 올라가지 못하고 어느 정도 가다가 내려왔다. 비록 이번에는 정상에 오르지 못했지만 다음에 체력을 더 길러서 꼭대기를 한번 올라가고 싶다는 이야기를 했다. 처음 이 친구도 걱정 때문에 용기를 내지 못했지만 도전을 통해 희망을 봤고 또 하나의 목표가 생긴 것이다.

최근 한 프로그램에서 가수 인순이 님이 이런 말을 한 적이 있다. "안 해보고 상상하는 것보다 해보는 게 편하다. 나이 들면 용기를 내려놓는다고 하잖아! 난 내려놓기 싫어!" 이 말이 너무나 멋있었다. 앞으로도 계속 이렇게 걱정 때문에 포기하는 일보다는 용기를 내려놓지 않으며 살고 싶다.

✦ 나다움을 위한 한 걸음

**걱정 때문에 하지 못한 일이 있다면 어떤 것인가?**

_____

**그 걱정을 적어보고 과연 현실에서 일어날 것인지 생각해 보자.**

_____

## 일관성 없지만 일관성 있게

성공을 확신하는 것이 성공의 첫걸음이다.

_ 에디슨

시사교양 프로그램 조연출, 해외 봉사자, 연극배우, 헬스 트레이너.

이 외에 짧게 했던 직업도 있었지만 크게 분류하면 나는 이렇게 4번의 직업을 거쳐 갔다. 이 직업들이 '과연 공통점이 있을까?' 싶을 정도로 공통점을 찾기 힘들 수 있지만 이거야말로 나를 잘 나타내는 직업이라고 생각한다. 직업 모두 '나를 위한 일'인 동시에 '누군가에게 영향력을 끼치는 직업'이기 때문이다. 앞서 말했듯 나의 인생목표는 선한 영향력을 주는 사람이 되는 것이었는데 직업의 선택에 있어서도 이 영향을 받고 있었던 것이다.

지금도 여전히 베스트셀러지만 처음 나왔을 때 너무도 획기적인 내용이 담겨 있어 선풍적으로 인기를 끈 『시크 릿』이라는 책이 있다. 이 책은 론다 번이라는 작가가 쓴 책으로 오래전부터 성공한 사람들의 공통점을 연구하여 발견한 비밀을 공유하고자 만들어졌다. 책의 핵심 내용은 '생각이 곧 현실이 되어 삶은 내가 원하는 방향대로 흘러가고 있다.'라는 것이다. 이것이 그 유명한 '끌어당김의 법칙'이다. 지금이야 이런 비슷한 류의 책들이 많이 나왔지만 그 당시에는 정말 듣도 보도 못한 내용이었기 때문에 무슨 뜻인지 정확하게 이해하지 못하는 사람들이 많았을 것이라고 생각한다. 나 역시 처음 이 책을 접했을 때는 도대체 무슨 말인지 몰라 읽었던 문장을 읽고 또 읽었다. 그러면서 서서히 이 책에 매료되기 시작했다. 그러나 또 한편으로는 '이 말이 진짜 사실일까?'라는 생각과 함께 이것 역시 어떤 특정한 사람들만의 이야기는 아닐까 하는 의구심이 들기도 했다.

　그런데 나에게도 이런 『시크릿』과 같은 일들이 생겼다. 무심코 뱉었던 여성전용 헬스장을 하고 싶다는 말이 현실이 되었고, 막연히 생각한 해외 봉사의 꿈이 실현되었다. 현실에 치여 잊혔지만 정말 잊힌 것은 아니었던 것이다. 어떤 순간에는 내가 하는 일들이 맥락 없고 마구 뒤섞인 것 같아 어떻게 꼬인 실타래를 풀어야 할지 몰랐다. 이제 더 이상 손을 못 쓸 거 같다는 생각을 한 적도 있었다. 그럼에도 하고 싶은 일을 하겠다며 계속해서 일을 벌이고 살다 보니 어느새 실타래는 풀려 있었다. 나도 모르게 무의식 속에서 나름 정렬된 삶을 살았기 때문에 자연스레 풀렸고 현실로 실현되었다고 생각한다.

　어쩌면 지금 하고 있는 일도 과거가 되어 다른 직업을 선택할 수도 있다. 그래도 분명한 건 아마 그 직업 역시 무의식 속에서 내가 간절히 원하던 일일 것이다.

## 6

가끔은 나도 위안이 필요해

포기해야겠다는 생각이 들 때야말로 성공에 가까워진 때다.

_ 밥 파슨스

연극을 할 때 극단 연출님이 그런 말을 한 적이 있었다. "대표는 외로운 직업이야."라고 말이다. 당시 연출님은 극단을 운영하고 있는 대표이기도 했다. 그래서 이런 말을 했는데 사실 그때는 이 말의 뜻을 잘 이해하지 못했다. 연출님은 대학로에서 손꼽힐 정도로 소위 잘 나가는 연극을 하고 있었기 때문에 돈도 꽤 잘 벌고 있는 사람이었다. 또한 주변에 자신의 이야기를 들어줄 사람도 많고 어디 가서도 대접받고 있었기 때문에 외롭다는 말과는 전혀 어울리지 않는 사람이라고 생각했다.

그런 연출님과는 반대로 나는 그 당시 항상 돈에 쫓겨 살아 친구와의 약속도 쉽게 잡을 수 없었고 하루라도 돈 걱정 없이 살았으면 좋겠다는 생각을 하고 있을 때였다. 그랬기에 연출님을 보면서 항상 부러운 마음이 있었는데 외롭다는 이야기를 하고 있으니 나에게는 그런 소리가 복에 겨워 호강스럽다는 말, 경상도 말로 포시러운 말같이 느껴졌다.

그 후로 몇 년의 시간이 지나고 어쩌다 보니 나도 직원이 있는 사장이 되었다. 그리고 그때서야 연출님이 말했던 대표의 외로움이 어떤 건지 알게 되었다. 비록 작은 회사긴 하지만 나의 의사결정 하나하나가 회사를 크게 만들 수도, 반대로 위기로 만들 수도 있다는 생각에 작은 결정 하나 하기 어려웠다. 또한 회사의 존폐를 결정할 수도 있다는 부담감과 함께 어떻게 회사를 운영할지에 대한 고민, 매달 나가는 고정비를 낼 수 있을지에 대한 압박 등 크고 작은 고민이 매번 새롭게 생겨났다. 이 고민을 누군가가 들어줄 수는 있겠지만 결국 답은 오롯이 스스로 해결해야 한다. 거기에서 오는 외로움이 아마 연출님이 말했던 '대표의 외로움'이 아닐까 하고 짐작해 본다.

지금도 그런 외로움을 느끼는 순간이 오면 연출님이 생각난다. 그런데 그게 뭐라고 조금은 나에게 위로로 다가온다. 보이진 않지만 나와 같은 외로움을 겪었던 사람들과 지금도 나와 같은 고민을 하고 있을 누군가가 어디에는 있을 것이다. 그 보이지도 않은 누군가에게 안도감과 동질감이 느껴져 이 외로움을 조금이라도 달랠 수 있다.

도전을 할 때도 이와 비슷한 위안을 받을 때가 있다. 스스로 선택한 일이긴 하지만 어떨 땐 끝이 보이지 않는 도전에 지쳐 포기하고 싶을 때도 있다. 그럴 때마다 나는 나와 비슷한 도전을 하는 사람들을 찾아보면서 위로를 받는 편이다. 피트니스 대회 준비할 때 특히 많이 그랬다. 대회는 코앞인데 살이 빠지지 않아 식사를 점점 줄였고 운동량은 늘렸다. 하루에 500kcal 이하로 먹으면서 유산소 운동만 3시간 이상 했다. 그때 운동을 하면서 유튜브로 대회 준비하는 사람들의 영상을 많이 봤었다. 영상 속 대회를 준비하는 사람들도 나와 비슷한 상황이었다. 새벽에 일어나 맛없는 닭가슴살을 억지로 삼키고는 아직도 남아 있는 근육통 때문에 천근만근 무거운 몸을 이끌고 겨우 헬스장으로 향하는 모습을 보면서 같이 있진 않지만 그게 뭐라고 참 위로가 되었다.

그중에서도 특히 기억에 남는 영상이 있는데 대회 준비가 너무 힘들어서 울고 있는 사람이었다. 그렇게 울면서도 스텝밀 일명 '천국의 계단'이라고 불리고 있는, 힘들기로 소문난 유산소 기구를 꾸역꾸역 타고 있었다. 그 마음은 대회 준비하는 사람이라면 어떤 건지 아니까 짠하면서도 나만 이렇게 힘든 게 아니라는 위안이 되었다. 동시에 도전을 계속할 수 있는 힘도 만들어 주었다.

2018년 평창 동계올림픽 스켈레톤 종목으로 금메달을

딴 윤성빈 선수에게 누군가가 "성빈 님도 운동을 하기 싫다는 생각이 드나요? 그럴 땐 어떻게 하나요?"라고 물어본 적이 있었다. 이때 그는 이렇게 말했다. "이 생각은 매일 밤 잠들기 전에 해요. 그래서 항상 스스로와 싸우다 잠이 들어요. 아침이 되면 또 한 번 더 생각해요. 진짜 운동 못 해 먹겠다. 근데 내 몸은 이미 움직이고 있어요. 대책이나 방법이 없어요. 그냥 버티는 게 답입니다." 운동이 하기 싫을 때는 이 말을 다시금 떠올린다. 그리고 그 말에 위안을 받으며 다시 또 헬스장으로 향한다.

✦ 나다움을 위한 한 걸음

**나는 어떠한 것으로 위안을 받을까?**

_____

**도전이 힘들 때 위안을 받을 수 있는 방법은?**

_____

## 7

실패보다 더 최악인 것은?

살면서 누구나 잘못을 저지를 수 있다.
문제는 자신의 잘못을 깨닫지 못하는 것과
깨달았더라도 고치지 않는 데 있다.

_공자

나는 무뚝뚝하다고 정평이 나 있는 경상도 사람이다. 너무나 구차한 변명인 걸 알지만 경상도 사람이라 그런지 누군가에게 하는 따뜻한 말이나 칭찬 한마디에 인색한 편이다. 어렸을 때부터 그런 말을 해본 적이 없으니 성인이 되어서는 더 못 하겠다. 쑥스럽고 낯간지럽기도 하지만 가식처럼 들릴 거 같은 느낌 때문에 입이 잘 떨어지지 않는다. 그래서 평소 남의 칭찬보다는 질타하는 소리를 더 많이 하는 편이라는 생각은 하고 있었다.

그러다가 단순히 그냥 넘기기에는 너무 심각한 일이라는 걸 체감한 적이 있었다. 어느 날 지인과 이야기를 하고 있는데 아차 싶었다. 지인과 만나서부터 지금까지 내가 했던 모든 말의 상당수가 부정적인 말이라는 걸 깨달았기 때문이다. 그때 뭔가 잘못됐다고 생각했다. 지인과 헤어지고 집으로 오면서 그동안 내가 했던 말을 곱씹어보게 되었다. 생각할수록 그동안 사람들에게 부정적인 말을 너무 많이 했다는 것을 깨달았다. 그뿐만이 아니었다. 자신에게도 항상 자신을 깎아내리는 이야기를 사람들에게 은연중 많이 하고 있었다. "나 같은 게 어떻게 저걸 할 수 있겠어."라는 표현처럼 말이다. 자꾸 그렇게 생각을 하니 자신에 대한 믿음이 점점 사라지고 모든 일에 자신감이 없어진다고 생각했다. 우린 누구나 상대방이 칭찬과 응원을 해주기를 원하고 있고 나 역시 그렇게 해주길 원한다. 하지만 왜 자꾸 상대방의 안 좋은 모습만 보이고 그걸 지적해야 속이 시원해하며 부정적인 말들을 거침없이 쏟아내는 것일까? 정말 깊게 반성하게 되었다.

반성을 했다고 해서 지금은 그러지 않는 건 아니다. 사람은 한순간에 변하지 않는다고 고쳐야 하는 걸 알면서도 아직까지 쉽사리 고치지 못했다. 그래도 상대방을 향한 부정적인 말만은 되도록 하지 않으려고 의식적으로 노력하고 있다. 물론 아직도 의식하지 않으면 나도 모르게 부정적인 말이 나오기도 한다. 그럼 또다시 후회와 반성을 하며 하루를 마감한다. 그럼에도 나의 문제점을 알기 때문에 조금씩 노력하다 보면 어느 순간 고쳐지는 날이 있지 않을까? 누군가가 그랬다. "자신의 문제점을 모르는 것도 문제지만 그보다 더 최악은 문제점을 알고도 고치지 않는 것이다."라고 말이다. 나는 그런 사람이 되지 않도록 노력하여 언젠가는 자연스럽게 따뜻한 말 한마디 할 수 있는 사람이 될 것이다.

## 8

쉬고 싶은 건 열심히 살았다는 증거

노동 뒤의 휴식이야말로 가장 편안하고 순수한 기쁨이다.

_ 세네카

어떤 사건으로 심적으로 힘들었던 시기가 있었다. 다행
히 일은 잘 마무리가 되었지만 그 일로 인한 정신적인 고
통은 한동안 계속되었다. 떨쳐버리려고 해도 꼬리에 꼬
리를 무는 생각들로 인해 점점 늪에 빠져 허우적대고 있
는 기분이 들었다. 그날도 역시 많은 생각들로 잠을 이루
지 못하고 있었는데 이렇게 있다가는 더 깊은 우울감에 빠
져 헤어 나오지 못할 거 같았다. 이 심적인 고통을 잊을 수
있기 위해서 어떠한 조치가 필요했다. 그렇게 생각한 것이

바빠서 아무 생각이 들지 않게끔 만드는 것이었다. 그래서 한꺼번에 여러 가지 도전을 하게 되었다.

이때 도전한 것이 바디프로필, 2개의 피트니스 대회, 피부미용사 자격증 따기였다. 피부미용사 자격증을 따기 위해서는 일주일에 3번 학원을 가는 것은 물론이고 시간이 될 때마다 연습을 해야 했다. 또한 바디프로필과 대회 준비를 위해 식단과 더불어 하루에 4시간 이상 운동을 했다. 거기에 일까지 하다 보니 우울했던 감정을 꺼낼 여력조차 없어 점점 흐려지기 시작했다. 운동할 시간이 모자라 새벽 4시에 일어나 하루 일과를 시작해 밤 11시가 넘어서야 자는 일과였으니 어떤 감정이 들어올 자리가 없었다. 그렇게 5개월을 내가 생각해도 참 열심히 살았다. 하루하루 바쁘게 살다 보니 보이지 않았던 도전의 끝이 어느새 다가왔다. 마지막으로 피부미용사 자격증을 손에 넣게 되면서 치열하게 도전했던 시간을 마치게 되었다.

하지만 그때부터 이상한 느낌이 들었다. 평범한 일상으

로 돌아오니 일과가 단순해졌지만 이 조차도 하기 싫다는
생각이 들었다. 모든 일이 다 부질없는 거 같아서 의욕적
이게 살아가고 싶지 않았던 것이다. 몸은 무겁고 축 처져
움직이기 힘든 느낌이었고, 머리도 제대로 돌아가지 않아
생각하는 것이 어려웠다. 일하는 시간 외에는 집에 있으면
서 멍 때리며 TV를 봤고, 막상 누우면 잠이 오지 않는데도
계속 자고 싶다는 생각 때문에 많은 시간을 침대에서 보냈
다. 이렇게 있으면 안 된다고 머리로는 생각하지만 몸이
움직여주지 않아서 막상 실행에 옮기기까지 꽤 오랜 시간
이 걸렸다. 그래도 다행히 어느 순간 조금씩 다시 시작해
야겠다는 생각과 함께 마음 깊숙한 곳에서 용기라는 것이
스멀스멀 올라오기 시작했다.

아마 그때 그 증상이 번아웃 증후군이었던 거 같다. 번
아웃은 한자어로 소진(消盡)이라고 한다. 어떤 일을 하다
가 나도 모르게 갑자기 극심한 육체적, 정신적 피로를 느
껴 일에 대한 열정이 사라지고 성취감을 잃어버리는 증상
이다. 아마도 나는 목표를 향해 정신없이 달리다가 달성되

고 사라지면서 왔던 공허한 마음이 그 증상으로 나타났던 거 같다. 근데 이건 어쩌면 당연한 것일 수 있다. 평생을 열정적으로 살 수만 있다면 좋겠지만 그렇게 하기에는 현실적으로 불가능하다. 그걸 알기에 우리 몸이 자신을 방어하기 위해서 이런 증상을 작동하는 게 아닐까 싶다. 에너지의 균형을 내 몸이 알아서 조정하는 것이다.

　이번 일을 겪으며 나에 대해 더 자세히 알게 된 계기가 되었다. 나에게도 휴식이란 것이 반드시 필요하다는 것을 말이다. 항상 나는 자신에게 채찍질만 해왔다. 쉬고 있는 내가 한심해 보여 쉬지 않고 일을 했고, 나에 대한 불신이 컸기에 일을 하면서도 항상 부정적인 생각을 많이 했다. 남들보다 늦게 출발했기에 이들을 따라가려면 끊임없이 무엇인가를 해야 한다고 생각했다. 그렇기에 휴식이란 나에게는 사치스러운 말이었다. 그런 나에게 번아웃은 "이제까지 최선을 다했으니 지금은 잠시 쉬어도 돼!"라고 말하는 마음의 소리 같았다. 마치 뜨거웠던 삶의 모터에 번아웃이라는 물을 확 끼얹어 잠시 시동을 끄게 한 것처럼 말이다. 이때 바로 시동을 켜게 되면 더 많은 에너지를 써야하고 자칫 잘못하다간 고장이 나서 시동을 켜기까지 더 많은 시간이 소요될 수도 있다. 그렇기 때문에 이 시간에는 시동을 켜는 것보다 차에서 잠시 내려 기지개도 한번 켜고 커피도 한잔 마시며 모터가 천천히 잘 데워질 수 있도록 기다려주는 여유도 필요하다. 잘 데워진 모터는 나를 더 큰 세상으로 안내할 것이다.

## 9

## 행운보다는 행복한 나를 위해서

행복은 목적지가 아니다.

행복은 잘 살고 있는 삶의 부산물이다.

_ 엘리너 루스벨트

사실 스무 살 이전까지는 행복의 기준을 생각해 본 적이 없다. 그저 하루하루가 재미있으면 그걸로 만족했고, 슬플 때는 불행하다고 느끼며 일희일비하는 삶을 살았다. 행복이 뭔지 깊게 고민한 적도, 내가 행복한지에 대한 생각도 하지 못했다.

보통 어렸을 때 행복한 모습을 떠올리면 원하는 무언가를 가지게 되었을 때의 기억을 많이 떠올린다. 크리스마스 아침 머리맡에 선물이 놓여 있을 때처럼 말이다. 한 살 터울의 내 동생 역시 갖고 싶은 게 많은 아이였다. 그래서 갖고 싶은 것이 생기면 그것을 사줄 때까지 밥도 먹지 않고 떼를 썼다. 하지만 나는 부모님에게 어떤 걸 사달라거나 어디에 가고 싶다는 이야기를 한 적이 거의 없었다. 물건을 소유한다는 것이 나에게는 그다지 행복한 일이 아니었기 때문이다. 이것은 성인이 된 지 한참이 지나도록 계속되었다. 어떤 것이 나에게 행복을 주는지 전혀 감을 잡을 수 없었다. 아마 그런 이유 때문에 모든 일에 적극적이거나 간절함이 없었던 거 같다. 그렇게 나는 공부도, 취미도, 연애도 그 무엇 하나 흥미가 없는 그저 그런 사람이 되어 가고 있었다.

그렇게 성장했기에 나의 20대는 그야말로 혼돈의 시기였다. 고향을 떠나 부모님의 틀에서 벗어나면서 모든 결정이 오로지 나로부터 이루어졌다. 그전까지는 조그마한 결정도 내 의견보다는 부모님이 원하는 의견으로 살아왔기 때문에 결정을 스스로 하는 일이 별로 없었다. 그랬기 때문에 스무 살이 되면서 갑자기 생긴 여러 가지 선택지에 대한 결정 하나하나가 너무 어려웠다. 그 결정이 어려웠던 건 앞으로 어떤 삶을 살아야 하고, 어떤 것이 나에게 행복을 줄 수 있는지에 대한 삶의 가치관이 없었기 때문이라고 생각한다. 그래서 20대에는 삶의 방향성을 찾기 위해 많은 시간을 고민하며 살았다.

아직도 처음 스스로에게 던진 질문이 기억난다. 바로 '왜 대학교를 다니고 있는지'에 대한 의문이었다. 대학교 갈 마음이 없었기 때문에 원서도 넣지 않고 있었는데 부모님이 대학교는 가야 한다고 해서 어쩔 수 없이 갔다. 그랬기에 학과 선택 또한 나의 힘으로 한 게 아니었다. 컴퓨터에 앉아 어떤 학과를 갈까 찾고 있는데 부모님이 회계학과, 행정학과 등 취업이 잘되는 곳으로 가는 건 어떻겠냐고 말했다. 그렇게 회계학과와 행정학과 두 개 사이에서 고민하던 중 엄마의 행정학과 가라는 말에 약간의 반항심이 생겨 회계학과에 지원하게 되었다.

이렇게 원하지도 않는 대학에 진학을 하다 보니 1학년 때는 아무 생각 없이 학교를 다녔고 노는 것에만 정신이 팔려 있었다. 그러다가 2학년이 되었는데 어느 순간 '한 학기에 300만 원을 낼 만큼 학교 다니는 일이 삶에서 가치 있는 일일까?'에 대한 의문이 생겼다. 그 의문에 점점 살이 붙기 시작하면서 결국 가장 본질적인 질문까지 이어지게 되었다. '어떤 삶을 살아야 가치 있고 행복한 걸까?', '그럼 그 행복이란 게 뭘까?'에 대한 질문이었다. 하지만 몇 년 동안 이 질문에 대한 정답은 쉽게 풀리지 않았다. 단지 남들처럼 좋은 직장에 다니고 아무 고민 없이 무탈하게 사는 평범한 생활이 행복일 거 같다는 막연한 생각만 했었다.

그러던 어느 날 생각지도 못한 곳에서 정답을 찾았다. 어느 시골길을 걷고 있을 때였다. 그날따라 유독 날씨가 좋아 걷기에 최적인 날이었다. 길가에는 파릇파릇한 풀잎들이 있었고, 하늘색으로 물든 높은 하늘과 솜사탕 같던 구름이 보였다. 그 속에서 한참을 걷고 있는데 나도 모르게 "아~ 행복하다!"라는 말이 저절로 나왔다. 마침내 그토록 찾고 싶었던 '행복'을 발견한 것이다. 생각보다 거창하지 않았고 또 생각보다 물질적이지 않았다. 그런데 한편으로는 너무 갑작스럽게 찾은 답이라 의심이 들기도 했다. 그땐 돈을 제대로 벌 때가 아니었기 때문에 혹시 내가 무의식적으로 현실과 타협점을 생각해 '이런 것이 행복이라는 정의를 내리는 걸까?'라고 말이다. 때문에 그땐 정답이라는 생각보다 이게 행복의 한 부분일 수도 있겠다는 생각을 했다. 그렇게 그 생각은 다시 잊힌 채 또 한참의 시간을 흘려보냈다.

30대 중반이 되어 센터를 차리고서야 조금씩 통장에 돈이 쌓이기 시작했다. 이렇게 돈을 벌게 되니 명품을 가지고 다니는 친구들이 보이기 시작했다. 이제껏 살면서 명품을 살만큼 여유롭게 돈을 번 적이 없었기 때문에 당연히 살 엄두도 못 냈었다. 그런데 여유가 생기니 '명품 하나 정도는 있어야 하는 게 아닌가?'라는 막연한 생각을 했다. 정말 몇 개월을 고민하다가 그나마 가격이 저렴한 명품가방을 하나 사게 되었다. 솔직히 이걸 사면 너무 행복할 거 같다는 생각을 잠시 했다. 하지만 막상 사보니 아무런 느낌이 없었다. 그냥 편의점에서 음료수 하나 고르는 느낌과 별다르지 않았던 것이다. 그때 문득 몇 년 전 시골길에서 느꼈던 행복이란 감정이 정말 정답일 수도 있겠다는 생각을 하게 되었다. 그리고 살아가면서 행복의 기준이 더 선명해지게 되었다. 아름다운 자연을 볼 때, 옆에서 곤히 자고 있는 소리와 밤이(반려동물)를 볼 때, 부모님과 카페에 앉아 대화를 할 때. 행복하다는 감정을 느끼는 순간은 언제나 일상 속에 숨어 있었다.

많은 사람들이 행복은 미래에 있다고 생각한다. '돈을 모으면 미래에는 행복할 거야.', '이것만 끝내면 행복하겠지.'라며 행복을 미래로 미루다 보니 정작 현재의 행복은 간과한 채 지나치고 있다. 네잎클로버의 꽃말은 행운이다. 그래서 우린 네잎클로버를 찾기에 열중하지만 정작 행복이라는 꽃말을 가진 세잎클로버는 밟고 다닌다고 한다. 하지만 행복만큼 더 값진 것들이 얼마나 있을까? 지금 이 순간도 행복은 우리 주변에 있기 때문에 보물찾기 하듯 일상의 행복을 찾아간다면 언젠가는 네잎클로버도 발견할 수 있는 날이 올 수 있지 않을까?

✦ **나다움을 위한 한 걸음**

**언제 행복하다고 생각하는가?**

_____

**행복을 위해서 내가 할 수 있는 일은 어떤 것이 있을까?**

_____

## 나의 도전리스트 작성해보기

도전을 결심하고도 결국 포기하게 되는 이유는 그 도전에 대해 깊게 생각하지 않았기 때문이다. 그렇기 때문에 좀 더 구체적으로 생각하고, 시각화될 수 있게 만드는 작업을 해야지만 목표에 더 가까워질 수 있다. 도전리스트 작성을 통해 되도록 아주 세세하게 기록하여 도전이 완성될 수 있도록 해보자!

### step1. 도전하고 싶은 것은?

다이어트

### step2. 이 도전의 이유는?

살이 너무 많이 쪄서 옷이 맞지 않는다

### step3. 이 도전의 목적은?

안 맞는 바지 입기

### step4. 이 도전의 목표는?

5kg 감량

### step5. 이 도전의 기간은?

3개월

### step6. 도전을 하기 위한 구체적인 계획은?

오후 8시 이후로 금식하기, 야식 먹지 않기, 주 3일 헬스장에서

1시간 운동하기

### step7. 도전의 성공으로 얻게 되는 것 3가지 적어보기

1. 자신감

2. 원하는 옷을 마음대로 입을 수 있다

3. 마음의 짐을 덜 수 있다

### step8. 도전이 힘들고 지칠 때 힘을 줄 수 있는 글 5가지 적어보기

1. 살이 찌니까 자신감이 점점 없어지잖아! 그러니까 조금만 버티자!

2. 옷 입을 때 스트레스 받는 너를 상상해봐!

3. 20대 한 번쯤 날씬하게 살고 싶잖아

4. 살 빼면 좀 더 당당하게 살 수 있을 거야

5. 먹는 행복은 잠시뿐이야


### step9. 도전 후 나에게 주는 보상은?

원피스 사기


### step10. 이 도전을 위한 나의 각오는?

이번에는 꼭 성공해서 더 멋있는 내가 될 거야!